Cartas aos estudantes de **Contabilidade**

O GEN | Grupo Editorial Nacional – maior plataforma editorial brasileira no segmento científico, técnico e profissional – publica conteúdos nas áreas de ciências sociais aplicadas, exatas, humanas, jurídicas e da saúde, além de prover serviços direcionados à educação continuada e à preparação para concursos.

As editoras que integram o GEN, das mais respeitadas no mercado editorial, construíram catálogos inigualáveis, com obras decisivas para a formação acadêmica e o aperfeiçoamento de várias gerações de profissionais e estudantes, tendo se tornado sinônimo de qualidade e seriedade.

A missão do GEN e dos núcleos de conteúdo que o compõem é prover a melhor informação científica e distribuí-la de maneira flexível e conveniente, a preços justos, gerando benefícios e servindo a autores, docentes, livreiros, funcionários, colaboradores e acionistas.

Nosso comportamento ético incondicional e nossa responsabilidade social e ambiental são reforçados pela natureza educacional de nossa atividade e dão sustentabilidade ao crescimento contínuo e à rentabilidade do grupo.

Cartas aos estudantes de Contabilidade

Sérgio de **Iudícibus**
Eliseu **Martins**
José Carlos **Marion**

gen | atlas

- Os autores deste livro e a editora empenharam seus melhores esforços para assegurar que as informações e os procedimentos apresentados no texto estejam em acordo com os padrões aceitos à época da publicação, *e todos os dados foram atualizados pelos autores até a data de fechamento do livro*. Entretanto, tendo em conta a evolução das ciências, as atualizações legislativas, as mudanças regulamentares governamentais e o constante fluxo de novas informações sobre os temas que constam do livro, recomendamos enfaticamente que os leitores consultem sempre outras fontes fidedignas, de modo a se certificarem de que as informações contidas no texto estão corretas e de que não houve alterações nas recomendações ou na legislação regulamentadora.
- Data do fechamento do livro: 10/08/2020
- Os autores e a editora se empenharam para citar adequadamente e dar o devido crédito a todos os detentores de direitos autorais de qualquer material utilizado neste livro, dispondo-se a possíveis acertos posteriores caso, inadvertida e involuntariamente, a identificação de algum deles tenha sido omitida.
- **Atendimento ao cliente: (11) 5080-0751 | faleconosco@grupogen.com.br**
- Direitos exclusivos para a língua portuguesa
  Copyright © 2020 by
  Editora Atlas Ltda.
  Uma editora integrante do GEN | Grupo Editorial Nacional
  Travessa do Ouvidor, 11
  Rio de Janeiro – RJ – 20040-040
  www.grupogen.com.br
- Reservados todos os direitos. É proibida a duplicação ou reprodução deste volume, no todo ou em parte, em quaisquer formas ou por quaisquer meios (eletrônico, mecânico, gravação, fotocópia, distribuição pela Internet ou outros), sem permissão, por escrito, da Editora Atlas Ltda.
- Capa: Caio Cardoso
- Editoração eletrônica: Caio Cardoso
- Ficha catalográfica

I87c

Iudícibus, Sérgio de, 1935-

Cartas aos estudantes de contabilidade / Sérgio de Iudícibus, Eliseu Martins, José Carlos Marion. – 1. ed. – São Paulo : Atlas, 2020.

192 p. : il. ; 23 cm.

ISBN 9788597025651

1. Contabilidade. 2. Contabilidade - Brasil. I. Martins, Eliseu. II. Marion, José Carlos. III. Título.

20-65336

CDD: 657
CDU: 657

Camila Donis Hartmann – Bibliotecária – CRB-7/6472

SOBRE OS AUTORES

Sérgio de Iudícibus é professor titular aposentado do Departamento de Contabilidade e Atuária da Faculdade de Economia, Administração, Contabilidade e Atuária da Universidade de São Paulo (FEA-USP), professor do Mestrado em Ciências Contábeis e Financeiras da Pontifícia Universidade Católica de São Paulo (PUC-SP) e membro do Conselho Curador da Fundação Instituto de Pesquisas Contábeis, Atuariais e Financeiras (FIPECAFI). Foi *visiting professor* na University of Kansas, Kansas, EUA. Coordenador e coautor de dezenas de livros de Contabilidade publicados pelo GEN | Atlas.

Eliseu Martins é professor emérito das Faculdades de Economia, Administração e Contabilidade e Atuária da Universidade de São Paulo (FEA-USP, *campi* São Paulo e Ribeirão Preto), cofundador da Fundação Instituto de Pesquisas Contábeis, Atuariais e Financeiras (FIPECAFI), parecerista na área contábil, ex-diretor da Comissão de Valores Mobiliários (CVM) e ex-diretor do Banco Central. Autor, coautor e organizador de diversos livros publicados pelo GEN | Atlas, entre os quais: *Análise didática das demonstrações contábeis, Manual de contabilidade societária, Contabilidade de custos, Contabilidade de custos: livro de exercícios, Métodos de custeio comparados, Teoria da contabilidade: uma nova abordagem, Contabilidade introdutória* e *Avaliação de empresas: da mensuração contábil à econômica*.

José Carlos Marion é mestre, doutor e livre-docente em Contabilidade pela Faculdade de Economia, Administração, Contabilidade e Atuária da Universidade de São Paulo (FEA-USP). É professor e pesquisador do Mestrado em Contabilidade na Pontifícia Universidade Católica de São Paulo (PUC-SP) e *visiting professor* na Florida Christian University, Orlando, Flórida, EUA. Autor de 29 livros na área contábil, a maioria publicada pelo GEN | Atlas.

PREFÁCIO

A tarefa que me foi solicitada é muito difícil: prefaciar um livro de três grandes autores, os quais sempre inspiraram minha carreira acadêmica e profissional. De antemão, sem delongas, peço perdão por um prefácio tão extenso: é impossível sintetizar histórias de vida tão ricas.

Cartas do Prof. Sérgio de Iudícibus

Prof. Iudícibus nos brinda com trechos marcantes de sua trajetória pessoal e acadêmica. Começa nos transportando no tempo, para quando, ainda criança, imigrou da Itália para o Brasil com a família, todos com os corações cheios de esperança por chegar a um país hospitaleiro e repleto de oportunidades; e nos surpreende revelando que o bacharelado em Ciências Contábeis – área na qual foi e é um dos maiores expoentes científicos – não estava em seus planos e sonhos originais de profissão futura.

Alerta para a enorme contribuição que uma sólida cultura geral oferece para uma consistente prática do exercício profissional dos bacharéis em Contabilidade – registra que saber comunicar-se bem, por escrito ou oralmente, está na raiz do sucesso profissional de um bom contador.

Registra com satisfação indisfarçável a aceitação para ser professor-assistente da cátedra de Contabilidade Geral e Pública, e isso, como depõe o Prof. Sérgio, é o fundamento para a "Revolução" no ensino da Contabilidade no Brasil, gestado na Faculdade de Economia, Administração, Contabilidade e Atuária da Universidade de São Paulo (FEA-USP). Tal "revolução", mais facilmente dita do que colocada em prática, levaria a mudar o foco do ensino da Contabilidade – até então prevalecia no Brasil o conceito do ensino baseado nas metodologias e enfoques oriundos das escolas alemã, italiana e francesa, e vislumbraram esses pioneiros que o enfoque norte-americano era muito mais didático e eficaz.

Relembra que essa "revolução" no ensino da Contabilidade na FEA-USP não foi solitária da área contábil: nos cursos de Economia algo semelhante ocorria, bem como uma maior aproximação do ensino de Ciências Contábeis com o ensino de Ciências Econômicas, parcialmente marginalizando a até então grande dependência da Contabilidade de temas de Direito.

A criação do curso de doutorado em Ciências Contábeis na FEA-USP, o primeiro do País, foi vital para evidenciar a oportunidade e a urgência em se investir em pesquisa de alto nível em nossa área, e vários acadêmicos na época se ocuparam tanto em aprofundar o campo de estudo da Contabilidade Decisorial ou Gerencial (voltada para "dentro" da empresa) quanto daquela vertente que mirava o usuário externo, com particular ênfase em métodos de corretamente capturar, nos relatórios contábeis, aquilo que era o maior dos problemas de comunicação corporativa da época – os efeitos da inflação nos negócios.

Registra o Prof. Iudícibus que, na pesquisa contábil, há méritos tanto do normativismo quanto do positivismo ao diagnosticar, bem definir e caminhar para proposição de soluções aos complexos desafios que o nosso campo de conhecimento nos traz.

Lembra-nos ainda de que, ao longo de sua jornada como acadêmico, chegou a lecionar, como professor visitante, em uma das mais afamadas universidades dos Estados Unidos.

Ousa apontar questões que merecem análise e iniciativas para melhorar o ensino da Contabilidade no Brasil, citando, de modo exemplificar, a alta das disciplinas de cultura geral, de métodos quantitativos e da área de sistemas de informação.

E conclui, de forma assertiva, mostrando a importância e a oportunidade de nos esmerarmos em aperfeiçoar os cursos de Ciências Contábeis para que os bacharéis sejam efetivos protagonistas dos processos de tomada de decisões, tanto nas empresas quanto em atividades no setor público.

Cartas do Prof. Eliseu Martins

Eliseu enfatiza que, como disciplina eminentemente utilitária no campo do conhecimento humano, é imprescindível aos bacharéis de Ciências Contábeis sempre buscar aliar a teoria à prática – uma não sobrevive sem a outra.

Reconhece, com coragem e sinceridade, dois dos grandes "inimigos" da boa prática contábil: (i) a informalidade predominante no nosso meio empresarial; e (ii) a inflação, que deturpa, distorce os relatórios que produzimos e que, se não tratada com metodologias apropriadas, torna tais relatórios verdadeiras unidades de "desinformação" contábil.

Eliseu lembra ainda que, ao longo de décadas, em praticamente todas as regiões do mundo, a Contabilidade era vista como "assunto nacional"; vale dizer, legislações locais buscavam dar parâmetros e regras de registro e relato contábil. Com a crescente globalização das últimas décadas, empresas de muitos países se defrontaram com os desafios de (i) atuar fora de seus países de origem e (ii) observar desempenho de concorrentes para conviver com eles ou combatê-los na busca de clientes e resultados. Esses desafios, nas décadas mais recentes, conduziram os acadêmicos, os preparadores de demonstrações financeiras, os analistas de tais demonstrações e os reguladores governamentais a buscarem alguns pontos de consenso entre as práticas contábeis, até então exclusivamente "nacionais": e aí nasceu, e vem crescendo, como enfatiza Eliseu, o espaço de uma "contabilidade internacional", supranacional e com conceitos e práticas de utilidade generalizada independentemente de fronteiras.

Eliseu não se exime de tocar em dois pontos extremamente sensíveis para o sucesso da boa prática contábil empresarial: a qualidade de boas notas explicativas às demonstrações financeiras e a qualidade de bons (bem informativos) relatórios de auditores independentes. Notas explicativas, conquanto práticas que já contam com algumas décadas no Brasil, ainda sofrem de críticas – muitas das quais merecidas. Por vezes, são tão extensas quanto inócuas no sentido de bem informar. E relatórios de auditores são, em alguns casos, exageradamente genéricos em alertar para descumprimento de práticas contábeis consagradas, e como auditores são, em essência, contadores, há espaço para aperfeiçoarem seus trabalhos e sua comunicação com os usuários de seus serviços.

E, por fim, eu nunca conseguiria resumir com mais felicidade quem é o verdadeiro destinatário da informação contábil do que o próprio Eliseu o fez nesta afirmativa:

Tudo isso para melhor atingirmos o "Rei" da informação contábil que não é o professor de Contabilidade, o normatizador, o auditor, o contador etc. É o nosso usuário, interno à entidade (gestores) ou externo (credores, investidores, empregados, clientes, fisco, fornecedores e sociedade em geral). O Usuário é que é a razão de ser da Contabilidade.

Cartas do Prof. José Carlos Marion

Marion começa, brilhantemente, por relembrar discussões conduzidas fora do ambiente contábil em que profissionais de outras especialidades reconhecem que Contabilidade (junto da Administração) é a profissão do futuro por tratar de questões atuais como globalização, fusões, privatizações, contratos internacionais e outros temas que requerem sensibilidade econômica.

Lembra-nos de que Contabilidade é gênero, do qual são espécies, dentre outras: Contabilidade Societária ou Financeira, Contabilidade Gerencial, Contabilidade de Custos, Contabilidade Pública, Contabilidade Tributária, por exemplo, cada qual com suas particularidades.

Marion disserta extensamente sobre a imperativa necessidade de os bacharéis em Contabilidade serem íntimos dos desafios de Tecnologia da Informação, aliada poderosa do nosso desempenho profissional.

Relata pesquisa acadêmica feita com orientado de pós-graduação, incursionando sobre alguns itens em que o ensino da Contabilidade ainda é carente: Português, Lógica e Inglês, e áreas de conhecimento que merecem aprofundamento em nossos cursos de bacharelado, como Métodos Quantitativos, Administração, Economia, Direito e Tecnologia.

Ousa apresentar sete "conselhos para ser um profissional bem-sucedido", que merecem reflexão por todos os estudantes de Ciências Contábeis; relembra que os empregadores, quem recruta bacharéis, têm demonstrado dar preferência a "especialistas" (*vide* as "espécies" citadas) do que a "generalistas", que entendem de tudo, mas apenas um pouco...

Marion nos introduz a um intrigante conceito: o da "Contabilidade Mental", que incursiona sobre reações do ser humano, do profissional, quando constata ter tomado decisões incorretas – e alerta para a hipótese de um *coaching* contábil.

Revisita tema antigo, mas sempre presente: o ativo como principal foco do estudo e da prática da Contabilidade, item do qual tudo o mais depende: passivos são "ativos negativos", e patrimônio líquido são "ativos residuais".

Estuda registro, mensuração e relato das variações da riqueza.

As "Cartas" deste livro são insuperável fonte de motivação, ensinamento e orientação para os estudantes de Contabilidade se inspirarem e construírem suas carreiras e seus futuros profissionais.

Nelson Carvalho
Departamento de Contabilidade e Atuária
Cidade Universitária Armando de Salles Oliveira
FEA-USP – Capital
Junho de 2020

PREFÁCIO

Ao ser convidado para escrever este prefácio, recebi um material primoroso, desenvolvido por três pessoas que, além de fazerem parte de minha história de vida, também o foram de praticamente todos os profissionais que têm requerido bom conhecimento contábil. O texto deve ser avaliado pela imensa dimensão técnica e humana dos autores que estão dividindo uma enorme sabedoria com todos nós.

Este material, inédito em nosso meio, poderá direcionar melhor os interessados em Contabilidade, assim como esclarecer inúmeras mentes que desconhecem o que significa esta área tão nobre.

Na verdade, a Contabilidade faz parte de nossas vidas desde o momento em que somos concebidos e nossos pais começam a estimar suas despesas com maternidade, fraldas, depois escola, universidade e casamento, tendo em vista os fluxos de benefícios futuros que serão obtidos.

Outro fato muito importante é que, na prática, há pessoas que julgam ter pleno conhecimento do que seja Contabilidade. Quando nos deparamos com os alunos que ingressam no curso de graduação, a menos que tenham parentes e amigos nesse setor, eles pouco sabem a respeito da grande abrangência da área. Com a maior compreensão, começa um ciclo em direção à realização profissional e pessoal.

Além disso, a Contabilidade vivencia mudanças constantes com grande avanço tecnológico e crescente estruturação dos sistemas digitais. Em paralelo, seus profissionais têm cada dia maior responsabilidade no processo decisório das empresas, uma vez que necessitam efetuar escolhas complexas a cada momento, nunca negligenciando a ética.

Todo esse quadro nos leva a observar que na Contabilidade precisamos de grande preparo, e este livro vai contribuir muito nesse processo. A procura pelo conhecimento deve iniciar logo que possível, levando em consideração o estudo de língua estrangeira e o domínio da tecnologia para abranger todos os métodos de utilização da internet, bem como incluir compreensão de psicologia comportamental e inteligência emocional para melhor se adequar às equipes multiprofissionais.

Em decorrência das inúmeras necessidades de crescimento constante, surge cada vez mais o interesse de os alunos permanecerem estudando após a graduação nos cursos de pós-graduação, mestrado e doutorado, muitas vezes ministrando aulas em paralelo a suas vidas empresariais.

Em virtude desse cenário, tem-se a grande necessidade de um livro como este, dedicado tanto a pessoas já ligadas à Contabilidade quanto àquelas que terão a grande oportunidade de ter esse contato.

Este mundo maravilhoso, ainda pouco conhecido de forma mais subjetiva, deve ser divulgado.

Neste livro, três dos maiores profissionais nos oferecem, por meio de cartas, um grande aprendizado, ao relatar suas experiências que fazem parte da História e do desenvolvimento deste tão importante mundo: a Contabilidade.

Como tratamos de uma Ciência Social, a abordagem de cada um dos três é diversa, apesar de possuir um ponto em comum: foram escolhidos pela Contabilidade.

> "A direção para a qual nos voltamos está diretamente ligada ao nosso lugar de destino." (Kubose)

Em seu trabalho junto a esta grande instituição, os autores deste livro foram fundamentais para a mudança e o atual posicionamento da Contabilidade no Brasil. A evolução da Contabilidade nas últimas cinco décadas foi marcante. Os autores constituem a *"alma matter"* da entidade por eles estruturada e dirigida muitas vezes, que é o Departamento de Contabilidade e Atuária da Universidade de São Paulo (USP), que se expandiu e floresceu por meio da Fundação Instituto de Pesquisas Contábeis, Atuariais e Financeiras (FIPECAFI). Esta entidade revolucionou a Contabilidade brasileira. Mesmo aqueles que não estudaram de forma direta na USP foram impactados pelas centenas de doutores e mestres em Contabilidade formados na USP e que atuam no Brasil inteiro. Esses profissionais passaram então a transmitir continuamente o conhecimento adquirido com seus professores, formando novos discípulos que multiplicam os conhecimentos, a grandeza e a importância da Contabilidade. A relação de publicações de livros, incluindo o clássico *Manual de contabilidade das Sociedades por Ações*, teses, dissertações, a *Revista de Contabilidade & Finanças*, os anais do Congresso USP formam um arcabouço fundamental da literatura contábil brasileira. Há um enorme contingente de alunos que têm sido bem-sucedidos tanto em empresas, em entidades governamentais, quanto no mundo acadêmico, onde multiplicam o seu saber.

Por meio das cartas do Professor Sérgio de Iudícibus, viajamos à Itália, seu país de origem, bem como da base da Contabilidade de Paccioli, que divulgou o maravilhoso método das partidas dobradas. Apesar da carga hereditária, que apontava o caminho da escola italiana, o Professor Sérgio veio para longe, por sorte de todos nós. Quem conhece o Professor Sérgio sabe que, por meio de cada uma de suas histórias, existe o universo de quem realmente conhece a vida e desenvolveu a raiz da Contabilidade no mundo e no Brasil de forma profunda. Sempre se dedicou ao ensino, e seu conhecimento até hoje é multiplicado em suas aulas, orientações e palestras. O Professor Sérgio de Iudícibus é a grande referência conceitual da profissão. A sua atuação vem desde a década de 1960, com suas teses abordando o grande problema do reconhecimento da flutuação de preços pela Contabilidade e com sua contribuição para a construção da linha de livros que revolucionou o ensino da Contabilidade brasileira. Foi o coordenador do livro *Contabilidade introdutória*, que a partir de 1969 trouxe a modernidade da Contabilidade para o País. Sua obra *Teoria da contabilidade*, de 1978, foi pioneira no campo conceitual e abriu o caminho para o texto da primeira estrutura conceitual da Contabilidade no Brasil aprovada pelo Ibracon e pela Comissão de Valores Mobiliários (CVM) e aplicada a partir de 1986. Este texto, escrito há mais de quatro décadas, possui uma qualidade indiscutível comparado com os documentos equivalentes atuais. O Professor Sérgio é sempre um semeador de grandes ideias, por exemplo, a aplicação dos métodos quantitativos na Contabilidade e a abertura para a abordagem positiva por meio do livro coordenado com o Professor Alexsandro Broedel Lopes e os alunos da turma de doutorado na USP em 2004.

Falar do Professor Eliseu Martins me deixa sem adjetivos suficientes, e até hoje agradeço como o destino foi bondoso. Ao ingressar na FEA-USP, vindo do Rio de Janeiro, e também por ambos sermos mineiros, logo me identifiquei com o Professor Eliseu, que se tornou então meu "guru". Também tivemos a sorte de ver o destino levá-lo pelas mãos para a Contabilidade e para nossas vidas e carreiras. Seu desempenho como professor e defensor da Contabilidade no País, atuando em importantes entidades (p. ex., CVM e Bacen) e ativamente na internacionalização das normas contábeis, constituem apenas exemplos de sua grande atuação. Além disso, é responsável por inúmeras publicações, como artigos, entrevistas, livros, e coordena o boletim *Temática Contábil* da IOB, publicação marcante na evolução da Contabilidade brasileira entre as décadas de 1980 e 2010. Sempre pronto a debater com todos, consegue transmitir de forma simples até mesmo itens que são complexos. Destarte, por meio de suas cartas, entrelaça sua vida profissional e acadêmica, bem como a evolução e a prática da Contabilidade. Coloca aspectos que todos gostariam de debater como as notas explicativas, os efeitos da Covid-19 e o parecer dos auditores. O Professor Eliseu, além do excelente conhecimento teórico, teve a capacidade de atuar brilhantemente nas entidades governamentais reguladoras, evidenciando a importância de se seguir sempre o fundamento técnico. Atuou desde a década de 1970 na aplicação prática dos métodos de reconhecimento contábil da inflação, tornando didática a determinação legal da Lei nº 6.404, que era muito difícil de ser entendida. Em 1985, foi diretor da CVM e teve importante atuação para consolidar a aplicação da legislação, emitindo pronunciamentos e deliberações de grande importância. Teve atuação direta no processo de convergência internacional, representando o Brasil na Organização das Nações Unidas (ONU) na década de 1980. Nos anos 2000, podemos afirmar que foi o "fiador", ao lado do professor Nelson Carvalho, do processo de implantação das *International Financial Reporting Standards* (IFRS) no Brasil. Foi o elaborador/construtor da diretriz que fez o Brasil aplicar as IFRS nas próprias Demonstrações Individuais, o que elevou a Contabilidade brasileira a um dos maiores níveis em termos mundiais. O Professor é sempre ouvido pelas autoridades governamentais e tributárias quando da implantação de um novo projeto e traz respeito e prestígio à Contabilidade.

O Professor Marion, grande amigo pessoal e de carreira, é na verdade uma pessoa que só tem qualidades. Foi meu colega de mestrado da USP em 1978, quando muito me ajudou a me situar na grande e complexa cidade de São Paulo e, desde então, apesar de nossas vidas correrem em duas cidades diferentes, sempre nos sentimos próximos. O Professor Marion destacou-se no campo prático, abordando temas contábeis profissionais de forma pioneira nas áreas pecuária e agrícola, setores tão importantes para o Brasil e sobre os quais não havia aprofundamento na Contabilidade. Escreveu livros que foram a base para o crescimento dessa atividade. Excelente professor, foi fundamental para o aprimoramento da educação contábil, aperfeiçoando centenas de professores e apoiando a estruturação de diversas instituições de ensino por meio de um apoio sistemático. O seu livro *Contabilidade empresarial*, lançado em 1980, que já está na 18ª edição, o que demonstra seu êxito, constitui um livro referência para os estudantes brasileiros nas diversas áreas de ensino. Realizou várias parcerias com muitos outros professores de diversas escolas, escrevendo obras de grande valor. Foi *visiting scholar* na Universidade de Kansas e escreveu um texto sobre o ensino da "Contabilidade nos Estados Unidos" no saudoso *Caderno de Estudos*, muito importante para que diversos professores tivessem uma visão mais ampla do assunto e fossem, inclusive, para os Estados Unidos em intercâmbio. Um excelente orador, efetua palestras motivantes e com certeza contribuiu para a decisão de muitos seguirem a carreira contábil no Brasil.

Um de seus textos neste livro abre o horizonte de quem está em dúvida sobre qual área da Contabilidade seguir, se deve ingressar nessa graduação, se reciclar ou mudar seu centro de atuação. Discute sobre os setores de atuação e a necessidade de aprendizagem da Contabilidade, tornando tudo de fácil compreensão em suas palestras, artigos e inúmeros livros. Cheguei a lembrar do telefonema de minha neta de nove anos toda feliz dizendo que a escola estava ensinando Contabilidade, pois ela estava resolvendo problemas para apurar lucro e prejuízo de uma loja. Como coloca o Prof. Marion, devemos sempre passar conceitos que serão utilizados para melhorar as finanças de indivíduos, empresas e do País. Seu texto, que aborda a denominada Contabilidade Mental, pode contribuir muito para a vida de todos os leitores.

> "Eu sempre soube que, no fim, tomaria esta estrada
> Embora ontem, eu não soubesse que seria hoje." (Narihira)

Portanto, todos os que tiverem acesso a este livro perceberão a generosidade dos três professores ao apresentar temas de tamanha utilidade. Esta obra com certeza direcionará os novos profissionais e será muito útil para a Contabilidade, para o Brasil e para a humanidade.

Natan Szuster
Pós-doutorado pela Universidade de Illinois (EUA)
Doutor e mestre em Ciências Contábeis pela FEA-USP
Professor da Universidade Federal do Rio de Janeiro (UFRJ)
Junho de 2020

SUMÁRIO

PARTE 1
Cartas do Professor Sérgio de Iudícibus, 1

Apresentação, 3

CARTA 1 | O improvável início: 1949-1962, 4

CARTA 2 | Revolução do ensino de Contabilidade no Brasil, 9

CARTA 3 | Um pouco de história da Contabilidade a partir de 1964, 13

CARTA 4 | Teoria da Contabilidade: a teoria, na prática, é a teoria!, 20

CARTA 5 | Importância da pesquisa na vida profissional (não apenas para professores), 26

CARTA 6 | Desafios e oportunidades para o futuro, 28

PARTE 2
Cartas do Professor Eliseu Martins, 33

Apresentação, 35

CARTA 1 | Por que me tornei um contador/professor (ou o inverso)?, 37

CARTA 2 | O que é melhor: a prática ou a teoria?, 44

CARTA 3 | Vocês sabem quem são os dois inimigos mortais da Contabilidade?, 52

CARTA 4 | Dominando melhor o segundo inimigo mortal da Contabilidade, 60

CARTA 5 | Como nasceu a Contabilidade?, 68

CARTA 6 | Como a Contabilidade evoluiu e por que nasceu o processo de convergência internacional das normas contábeis?, 75

CARTA 7 | Como está a Contabilidade hoje?, 83

CARTA 8 | A experiência de um contador na CVM e no Banco Central, 90

CARTA 9 | A importância das notas explicativas da auditoria, 98

PARTE 3
Cartas do Professor José Carlos Marion, 104

Apresentação, 106

CARTA 1 | Contabilidade, uma profissão fascinante, 109

CARTA 2 | Faça da Tecnologia sua parceira, 117

CARTA 3 | Alguns desafios para o sucesso profissional do Estudante de Contabilidade, 125

CARTA 4 | Sete conselhos para você ser um profissional bem-sucedido, 134

CARTA 5 | Contabilidade Mental, 141

CARTA 6 | Alguns exemplos de Contabilidade Mental (*Coaching* Contábil?), 149

CARTA 7 | Parte I: como ensinar Contabilidade para crianças (leigos) – Ativo e Passivo, 156

CARTA 8 | Parte II: como ensinar Contabilidade para crianças (e leigos) – Receita e Despesa, 165

CARTA 9 | Carreira acadêmica: ser professor e pesquisador, 172

CARTA 10| Busque sabedoria, 181

PARTE 1

Cartas do Professor Sérgio de Iudícibus

APRESENTAÇÃO

Somente inicio esta série de cartas, não por ser mais importante, mas pela idade. Minha carta 1, o improvável início, conta em estilo romanesco as vicissitudes de minha vinda da Itália para o Brasil. A carta 2, sobre a revolução do ensino da Contabilidade no Brasil, trata, resumidamente, dos personagens que tornaram essa revolução possível. A carta 3, que trata um pouco de história da Contabilidade a partir de 1964, provavelmente a carta mais densa, foca nos progressos que se verificaram na Contabilidade durante o período autoritário e muito além dele, devido a uma série de interveniências de grandes colaboradores e líderes do processo de maturação e maior engrandecimento da Contabilidade. A carta 4 trata, resumidamente, da importância da Teoria da Contabilidade na prática profissional. A carta seguinte versa sobre a importância da pesquisa na vida profissional dos contadores. Finalmente, a de número 6 e última ressalta os desafios e as oportunidades para o futuro, a importância de aprimorar nossos cursos, da inteligência artificial e das qualidades inatas dos contadores.

Durante minha longa vivência ensinando e trabalhando na nobre disciplina, tive a oportunidade de interagir com personalidades marcantes, algumas absolutamente decisivas, com as quais, modestamente, colaborei para a evolução da Contabilidade no Brasil. São tão numerosas que cometeria injustiças ao querer citar todas ou mesmo a maioria. Citarei efetivamente, pela ordem cronológica, José da Costa Boucinhas, Armando Catelli, o insuperável Eliseu Martins, meu mais importante companheiro desta jornada extraordinária, o genial Stephen Kanitz, Nelson Carvalho e o brilhante e incansável amigo de todas as horas, nosso coautor José Carlos Marion, que, na verdade, inspirou este livro. A todas as pessoas que me ajudaram durante todo esse tempo, à querida esposa Ely, aos milhares de alunos e outros colaboradores, quero expressar minha eterna gratidão.

CARTA 1
O improvável início: 1949-1962

Minha vida tem sido uma ventura e uma aventura! Ainda hoje ressoa em meus ouvidos o triste som do navio – eu já embarcado nele com meus familiares –, que, lentamente, deixava o cais da cidade de Nápoles, na Itália, para a viagem ao Brasil. Lembro vagamente de grupos de pessoas dando adeus uns aos outros, uma mistura de lágrimas, sorrisos e esperanças. Todos sabiam que era o início de uma nova vida, da qual muito se esperava, mas pouco se poderia prever! Vicissitudes várias fizeram com que deixássemos a Itália pelo Brasil. Meus pais, na verdade, não seguiam o roteiro usual dos migrantes. Não eram pobres, nem ricos, estavam apenas à procura de uma nova vida, deixando, na época, um país praticamente destruído, com a visão do Brasil, um país romântico e exótico, do qual eu, ainda menino, já adorava a música. De fato, relembro claramente andar pelas ruas de Bari, minha cidade natal, cantarolando, obviamente, em um português "italianado" *Aquarela do Brasil*, que era, na época, a canção brasileira mais conhecida! Bem, embarcamos meu pai, Paolo Francesco de Judicibus,[1] minha mãe, Lucia Orlandi de Judicibus, minha irmãzinha, Silvana, e minha avó materna, Anna (de quem eu gostava muito e que, lamentavelmente, faleceria pouco tempo após chegarmos ao Brasil). Por favor, pronunciem Páolo e não Paôlo, como se costuma fazer no Brasil. Não há coisa que mais irrita os italianos do que esse costume brasileiro! Meu pai era contador e bancário, chegou a ser vice-diretor de um grande banco da península. Uma pessoa íntegra, bondosa e que todos amavam. Minha mãe era uma pessoa de grande cultura, formada em Economia, imaginem, na década de 1930, provavelmente a única mulher da turma, a melhor aluna. Lamentavelmente, não posso falar muito de minha família,

---

[1] Em 1963, obtive a cidadania brasileira e Judicibus foi alterado para Iudícibus.

tenho de falar de mim! *Meu ambiente familiar era de boa cultura, todos eram amantes da leitura, da música e, obviamente, como bons italianos, sempre afeitos à discussão política! Por que primeira cartinha aos contadores? Como é fácil acabar sendo um contador razoavelmente conhecido a partir de um berço familiar culto! Cultura geral ajuda demais no progresso de um contador e de qualquer profissional!* Os que não têm um berço assim, com certeza, enfrentam muito mais dificuldade para ter sucesso, portanto, mostram mais valor do que eu! Mas, àquela altura, quem diria que eu viria a ser contador mais tarde! Não posso me esquecer de minha linda irmã, Silvana, ainda menininha, motivo, ainda hoje, de nossas acaloradas discussões políticas, quase chegando às vias de fato! Nossa antiga casa, no Alto da Boa Vista, todo sábado, era a base de grandes e acaloradas discussões, durante vários anos.

Chegada a São Paulo

Não lembro muito bem o dia da partida, foi em maio de 1949. A viagem foi bastante conturbada, lembro do pessoal passando mal com seguidos enjoos, e eu aproveitando toda a comida que eles deixavam! A chegada a São Paulo, após passagem pelo Rio de Janeiro, foi em 13 de maio de 1949. Fomos diretamente para a casa de uma prima de minha mãe, da família Colasuonno (Miguel Colasuonno, meu grande amigo de juventude, foi prefeito de São Paulo), onde vivemos por alguns meses até alugar um apartamento na Avenida Rangel Pestana, obviamente, no Brás! Quem nos ajudou muito nos primeiros tempos de Brasil foi um irmão de minha mãe.

Primeiras impressões de São Paulo

Eu amei imediatamente São Paulo e o Brasil. Ao comparar com a Itália da época (quem diria que esta chegaria ao G7!), era um verdadeiro paraíso: pessoas afáveis, comida e custo de vida extremamente baratos, paisagens paradisíacas, uma beleza. Apesar do grande progresso nos anos e décadas seguintes, até chegar aos tempos atuais, é claro que o País se transformou de essencialmente agrícola em industrial. Eu ainda acho que seremos, um dia, o mais importante país do mundo, mas a estrada percorrida desde aquele longínquo 1949 até agora tem tido etapas quase sempre crescentes sob o aspecto econômico, porém, com vicissitudes humanas e sociais variadas.

O fato é que tantas coisas aconteceram que não dá para prever demais. De resto, ocorreu algo semelhante com vários países. Nem sempre o progresso tecnológico é acompanhado, na mesma velocidade, pelo avanço social e humano. Se tivéssemos continuado um país agrícola, quem sabe, hoje, não seríamos mais felizes e até mais ricos? Não adianta matutar, Juscelino Kubitschek quis um país industrial!

De 1949 a 1958

Em 1958, começou minha aventura contábil! De 1949 em diante, revalidei meu curso médio feito na Itália no Colégio D. Pedro II, um exame muito difícil.

Sempre quis estudar no Dante Alighieri, mas era um colégio muito caro para nós. Acabei estudando o final do curso médio em Santo Amaro e, lá mesmo, completei o curso técnico de Contabilidade, meu primeiro contato com a disciplina, com o qual não posso afirmar que tive sonhos, pelo contrário! Achei muito chato, preferia Matemática e Ciências Sociais e, para mim, o que mais lembro daquele período eram as festas durante as quais eu era invariavelmente convidado para tocar piano. Música sempre foi e será meu grande amor, e estudar Medicina, meu anseio! Para felicidade futura minha, da música e da Medicina, nunca acabei sendo uma coisa nem outra! *Guess what*? Acabei sendo contador! Mas essa é uma história que contarei em outra carta!

O ingresso na então Faculdade de Ciências Econômicas e Administrativas da USP foi, sem dúvida, o ponto inicial e mais importante ao longo de toda minha vida, de minha atividade como contador e professor. Consegui ingressar em primeiro lugar, em 1958, na mesma turma que incluía, entre outros destaques, Affonso Celso Pastore, Carlos Antônio Rocca, Miguel Colasuonno e muitos outros! Eu era o mais velho da turma, já tendo completado 23 anos, pois demorei muito para escolher a oportunidade de candidatar-me ao ingresso na Faculdade de Economia e Administração. Após o curso de técnico em Contabilidade, perambulei por uma série de experiências, pequenos empregos, estudos de piano, sonhos impossíveis com Medicina, porém, tendo que trabalhar e não podendo escolher uma faculdade em período integral, quase que sem querer, fiz o exame prévio para o ingresso na hoje FEA-USP! Tenho muito orgulho de ter obtido o primeiro lugar (na época não existia a Fuvest, cada faculdade realizava seu próprio concurso de ingresso, que não era nada fácil, tinha inclusive exame oral). Certamente, meus quatro anos de idade a mais em relação à média da turma me ajudaram muito a ter sucesso, por ser mais experiente e vivido: *se quisesse, poderia ter ingressado em outra faculdade antes de chegar aos 23 anos de idade! Não me candidatei a nenhuma das várias existentes: já que não poderia estudar Medicina por ser período integral, pensei, quero ingressar (influenciado por minha mãe) na melhor* faculdade *de Economia e Administração! Moral da estória: mesmo que você não consiga ingressar, na primeira tentativa, na faculdade de sua escolha, não desanime. Estude mais até conseguir. A persistência é uma das grandes qualidades dos vencedores!*

Durante o curso em si, foi uma experiência interessante, embora nem sempre atingindo a plena satisfação, tendo em vista as qualidades de alguns professores. Com algumas exceções, todos nós da turma não ficamos particularmente satisfeitos com algumas matérias puramente contábeis, mas mais com Matemática, Economia e outras disciplinas de cultura geral. Entretanto, como as provas eram sempre difíceis, tínhamos que estudar bastante, de qualquer forma! Um detalhe importante: no primeiro ano, as disciplinas eram comuns para Contabilidade, Economia e Atuária (o curso de Administração só apareceu mais tarde, em 1964, se recordo bem). Passado o primeiro ano comum, poderíamos optar. Para Contabilidade, poderíamos adicionar Atuária. Lembro que optei pelas duas ao mesmo tempo, obviamente tornando as horas de aula em cada semestre mais pesadas. O fato de Atuária ter mais Matemática, para mim, não foi de particular dificuldade, visto que sempre gostei dessa disciplina (no caso, Matemática Atuarial), mas, sinceramente, nunca, após a formatura, me envolvi profissionalmente com Atuária, ficando somente com a Contabilidade. *Então, após o primeiro ano comum a todos os cursos, fiz minha primeira opção consciente pela Contabilidade!* Creio que em qualquer curso, não apenas os de áreas próximas, o primeiro e também o segundo ano (dois semestres) deveriam ser comuns, como ocorre nos Estados Unidos em muitos casos. A formatura da turma de Contábeis ocorreu no início de 1962, uma grande turma de 10! Era a época das formaturas solenes e dos bailes badalados! Lembro que nosso paraninfo comum, para as turmas de Economia e Contabilidade e Atuária, foi o Prof. Celso Furtado, em grande evidência na época e renomado economista. Durante quase todo o meu curso, eu trabalhei, e por alguns anos em tempo integral. No último ano, em 1961, era contador de uma empresa razoavelmente importante. Foi muito cansativo trabalhar em tempo integral e ter aulas toda noite até 23h30, além de algumas aos sábados, a fim de poder completar o curso em oito semestres ou quatro anos! Em 1961, aconteceram fatos importantes, como a renúncia do Presidente Jânio Quadros, quando conheci a que seria minha futura e amada esposa, Ely Federico. Sob o aspecto político, o País iniciou, a partir de 1962, períodos particularmente conturbados até atingirmos o ano de 1964, e assim por diante. O Brasil nunca mais seria o mesmo.

CARTA 2
Revolução do ensino de Contabilidade no Brasil

Em 1962, o professor encarregado da cátedra de Contabilidade Geral e Pública, Atílio Amatuzzi (a famosa Cadeira 5), de grata e inesquecível lembrança, cometeu o grave erro de convidar-me para ser Professor-assistente da sua cátedra. Eu tinha sido, durante os quatro anos de curso, um bom aluno, nem sempre o melhor, mas, mesmo assim, ele me convidou. Poderia ter convidado outros da turma de 1961, tranquilamente, todos eram ótimos. A partir de meu ingresso, a Cátedra nunca mais teve sossego! O destino joga consequências não esperadas. Na Cátedra, à época, já trabalhavam, além do regente Prof. Amatuzzi, dois assistentes: Alkindar de Toledo Ramos e um irmão do então celebrado Francisco D'auria. Na Cadeira de Contabilidade Industrial e de Custos, um dos assistentes era o inesquecível Armando Catelli e o Regente, o inigualável José da Costa Boucinhas. Exatamente naquele ano de 1962, por uma série de fatores, inicia-se, sob o ponto de vista puramente didático, em uma primeira etapa, o que acabou sendo denominado por alguns como a "revolução no ensino da Contabilidade no Brasil".

Logo em seguida, a partir de 1963 e em 1964, 1965 etc., juntam-se à Cadeira 5 nada mais nada menos que Eliseu Martins e Stephen Kanitz além de mais quatro assistentes que, comigo e com o Prof. Alkindar, compõem o *Grupo dos Oito* futuros autores do livro *Contabilidade introdutória*, best-seller durante muitos e muitos anos e que, agora em 2019, foi completamente revisto e atualizado. Claro que o ingresso no campo de Martins e Kanitz não ajudou apenas na revolução do ensino da Contabilidade, mas, com vários outros professores, determinou, em boa parte, durante as épocas sucessivas, a revolução global da Contabilidade no Brasil. A bem da verdade, voltando ao livro *Contabilidade introdutória*, os dois principais incentivadores, inicialmente, foram os Professores José da Costa Boucinhas, que foi o primeiro a aconselhar a mudança do método então tradicional de se ensinar Contabilidade, do italiano/francês/alemão para o norte-americano, mais didático. O primeiro coordenador do livro, inicialmente caderno, foi, inegavelmente, o Prof. Alkindar de Toledo Ramos. Depois, por uma série de circunstâncias, eu assumi a regência da Cátedra (após a aposentadoria do Prof. Amatuzzi) e a coordenação do livro. Mais tarde ainda, o Prof. Martins assumiu a revisão continuada. Não se esqueçam, *nunca*, dos outros quatro autores: Edison Castilho, Luiz Benatti, Eduardo Weber Filho e Ramon Domingues Junior! Todos excelentes professores e profissionais da Contabilidade. Após vários e vários anos de existência como caderno, ou apostila, finalmente, em 1971, *Contabilidade Introdutória* foi publicado como livro pela Editora Atlas. Ainda hoje lembro a emoção que senti quando, então fazendo estágio nos Estados Unidos, na firma de auditoria e consultoria Lybrand Ross Bros. & Montgomery, entrou na sala onde eu estava estudando um consultor da entidade, trazendo, como encomenda, um exemplar do livro! Finalmente, os colegas começaram a me olhar com mais atenção: coordenador e coautor de um livro de Contabilidade. *Sempre que possível, escrevam artigos e livros como autores ou coautores. Nossos trabalhos são, às vezes, esquecidos, mas livros, teses, dissertações e manuais ficam por muito tempo!*

Na atividade profissional, qualquer que seja ela, contador, *controller*, auditor, contador de custos, perito, elaborador de pareceres, professor etc., saber escrever bem e com clareza e, também, saber falar bem com colegas, empregados e com o público em geral é muito importante para o sucesso profissional. Conheço vários contadores muito capacitados, mas que não conseguem ser bem-sucedidos como mereceriam pelo seu conhecimento técnico, por não saberem transmitir o que sabem oralmente ou por escrito!

Essência do livro *Contabilidade introdutória*

Contrariamente aos outros livros-textos didáticos em moda na época, contava como a Contabilidade historicamente se desenvolveu: primeiro, como inventários e balanços sucessivos. Somente depois, com a introdução das partidas dobradas, balancetes, balanços etc. Continha, desde o início, capítulos avançados, como correção monetária, princípios contábeis e outros. Os exemplos, sempre didaticamente muito bem explicados e os exercícios, resolvidos de forma clara e simples. Revisões e alterações sempre buscando atualização. Nossa mais recente edição, a 12ª, de 2019, foi totalmente atualizada às normas do IASB/CPC e a outras legislações pertinentes. Entretanto, a fase que culminou a denominada revolução levou muitos anos para de fato se firmar! Houve muitas dificuldades; em alguns setores e em outros centros de ensino, alguns professores não concorreram sempre com hombridade. Ao contrário, foram extremamente críticos, às vezes deselegantes, não apenas à essência do livro, mas a toda atuação profissional da equipe da USP, que chegou a ser denominada por um professor de "corja da USP"! Realmente, não merecíamos essa denominação.

Outros desenvolvimentos

Na faculdade, o movimento rumo a novos parâmetros mais modernos não era exclusivo dos contadores. Delfim Netto, então professor, também liderava uma inflexão no ensino da Economia, afastando-se um pouco dos clássicos franceses e focalizando mais a economia brasileira. Outra inflexão, na faculdade como um todo: os contadores afastarem-se um pouco do Direito e aproximarem-se da Economia. Também crescia a utilização de métodos quantitativos. Os antigos titulares das Cadeiras não tiveram força para reagir. Dotados intelectualmente de uma tradição europeia, foram atropelados pelos jovens professores adeptos da nova tendência. A bem da verdade, salvo exceções, eles foram benévolos em deixar os mais jovens realizar a transição. No caso da Contabilidade, então, praticamente não houve resistência. Essa transformação foi evoluindo durante os anos, e a FEA assumiu uma face mais ligada à Economia e menos ao Direito. A essência sobre a forma já se configurava, aos poucos, desde aqueles anos, bem como o positivismo nas pesquisas! Tudo isso se fortificou no fim dos anos 1960, com a Reforma Universitária, a extinção das cátedras, a criação dos departamentos e com a nova estruturação da pós-graduação. Aliás, antes da Reforma, os doutorados tinham uma feição completamente diferente. Não havia curso com disciplinas. Apenas um orientador, e esse (ou essa) dizia o que tínhamos de ler e estudar. Elaborávamos a tese e íamos para a defesa meio inseguros, pois tudo poderia acontecer, até sermos aprovados! Meu doutoramento foi assim e o de muitos outros, como o de Eliseu Martins, que foi meu orientado. Felizmente, pela qualidade do orientado, saiu uma tese magnífica, ainda hoje citada!

CARTA 3
Um pouco de história da Contabilidade a partir de 1964

O período que se inicia em 1964, muito conturbado politicamente por uma série de circunstâncias, foi prolífico para o Brasil em matéria de Contabilidade. Circunstâncias, algumas, coincidências, várias. Houve a coincidência da atuação de vários ministros ligados à economia e às finanças que modernizaram o ambiente econômico do País com o surgimento de aspectos e entidades que, indiretamente, beneficiaram a Contabilidade, como a criação do Banco Central e da Comissão de Valores Mobiliários (CVM), a edição da Lei das Sociedades por Ações de 1976 etc. Ao mesmo tempo, talvez em parte como remota consequência da construção de Brasília, chegou a inflação, a qual, ardilosamente, foi se esgueirando no cenário econômico até atingir patamares bastante altos, continuando após o fim do regime militar até o Plano Real, o primeiro (e único) eficaz no combate à inflação.

Com o recrudescer das taxas de inflação, a resposta em termos científicos e práticos do Departamento de Contabilidade e Atuária da FEA-USP foi imediata e continuada até após o término do regime autoritário iniciado em 1964. Juntamente do GECON, inspiração de Armando Catelli, os primeiros trabalhos incipientes de doutoramento e livre-docência, meus, os escritos mais aperfeiçoados de Eliseu Martins, Natan Szuster, Ariovaldo dos Santos, Geraldo Barbieri e outros, todos os aspectos dos efeitos da inflação nos resultados das empresas foram abordados e aperfeiçoados. As várias formas de correção monetária, algumas editadas pelo governo, outra, a mais completa, aperfeiçoada por Eliseu Martins, culminaram o período glorioso da atuação do Departamento nessa área. Em meados da década de 1980, por meio de um artigo publicado na *Revista de Contabilidade do Conselho Federal da Contabilidade*, introduzi o novo termo: contabilometria, primeira etapa que, mais tarde, avançaria para a Teoria Positiva da Contabilidade, com a decisiva atuação de Alexsandro Broedel Lopes. Sem esquecer o ciclópico *Manual das Sociedades por Ações*. Após a abordagem da Teoria Positiva, a pesquisa em Contabilidade nunca mais seria a mesma. *Mesmo em um regime autoritário, surgiram oportunidades de progresso na área contábil e as aproveitamos com destreza.*

Com a introdução do curso de doutorado, aumentou muito, a partir dos anos 1980, a necessidade de investir em pesquisas avançadas. E o curso em si teve aumentadas suas dificuldades. Com a introdução da disciplina, obrigatória para o doutorado, *Teoria Avançada da Contabilidade*, a tendência da predominância da utilização de métodos quantitativos na pesquisa, a denominada Teoria Positiva, se acentuou bastante. Tive a honra de ser o primeiro professor da matéria e, em um dos cursos, apareceu um aluno excelente, que, logo, demonstrou sua habilidade. É preciso lembrar que, naqueles anos, havia, em classe, muitos mestres advindos de outras universidades federais e estaduais pelo Brasil, e a maioria vinha com uma visão de Contabilidade ainda normativa. As discussões eram grandes e acaloradas sobre os méritos das duas metodologias. O aluno brilhante era Alexsandro Broedel Lopes! Com o tempo, ele – já professor do departamento – e eu ministramos a disciplina a quatro mãos. Após minha aposentadoria, ele assumiu a disciplina. As coisas mudaram muito, nos últimos anos, na FEA-USP, nem sei se a disciplina é ainda ministrada!

O fenômeno da predominância das pesquisas baseadas na Teoria Positiva da Contabilidade invadiu todo o território contábil, principalmente a partir do início dos anos 1990 no Brasil. Aparentemente, teriam os pesquisadores que estavam estudando uma disciplina social escolhido uma metodologia mais adequada para as ciências físicas e naturais? Não creio que tenha sido uma escolha pensada. É que a utilização de métodos quantitativos (MQ), principalmente estatística, dá uma sensação ao pesquisador de exatidão e de confiança. Mal sabem o que os pesquisadores mais experientes falam sobre os métodos quantitativos: a primeira fase, principalmente quando não os dominamos, é de descoberta, nos maravilhamos e achamos que tudo resolvem. Na segunda fase, começamos a avaliar com mais cuidado média, mediana e outros parâmetros. A terceira fase é a mais útil, quando, já calejados, reconhecemos que os MQ são úteis, mas que é preciso muito cuidado para utilizá-los e, principalmente, em generalizar os resultados das pesquisas.

A predominância de pesquisas e artigos, no Brasil, da Teoria Positiva, na verdade, começou muito antes nos Estados Unidos, no final da década de 1960. Essa teoria tem por base uma visão de economia e finanças com relação ao mercado. A de que os tomadores de decisão são totalmente racionais, a qual, nos últimos anos, tem sido criticada, em parte. A metodologia de pesquisa derivante (da Teoria Positiva), no fundo, é como se estivéssemos pesquisando em um entorno de ciências exatas ou naturais. Essa é a principal crítica que se faz a esse tipo de metodologia, pois a Contabilidade, afinal, é uma ciência social, mesmo que se expresse em números. Quase nada é exato na Contabilidade, a não ser a data do balanço! Tudo que está nele são estimativas!!

Entretanto, não se pode execrar esse tipo de pesquisa, de forma destrutiva, pois é o que temos em larga escala, sem dúvida influenciada pelo fato de grande parte de nossos revisores das melhores revistas terem uma formação nitidamente norte-americana. Há uma tendência em considerar qualquer trabalho que não seja quantitativo como "não científico". Esse é um grave erro, pois a boa pesquisa positivista, quando muito, traz progressos de pequena magnitude e limitados (com raras e agradáveis exceções), quase exclusivamente, à amostra! Já a pesquisa com variáveis sociais, os ensaios de boa qualidade, os estudos de caso bem conduzidos, os estudos conceituais mais profundos, quando bem-sucedidos, são os que trazem visualizações e abrangência muito maior. Pessoalmente, gosto mais de ler trabalhos conceituais, provocadores, que nos deixam pensar, mesmo que não concordemos totalmente com tudo, do que a melhor metodologia positivista aplicada a assuntos de menor importância.

Hoje em dia, após anos de discussão, chegou-se à conclusão de que ambas as metodologias, normativa e positiva, completam-se e não são concorrentes. Entretanto, com qualquer metodologia (existem muitas outras, além das citadas, como a histórica, a holística, a teoria crítica etc.), ainda falta, no Brasil, maior número de trabalhos puramente conceituais, como os livros de Mattessich, Edwards & Bell, Fábio Besta, Belkaoui e outros.

Coincidentemente, trata-se de livros e não de artigos, e a metodologia, eminentemente normativa! Uma das raras exceções é a tese de doutorado de Eliseu Martins sobre Ativo Intangível.

O avanço da Contabilidade, por meio da influência da USP, não se limitou à parte puramente de ensino e pesquisa. Alguns de seus professores assumiram posições de destaque na vida econômica do País. Nelson Carvalho ocupou o cargo de presidente do *board* consultivo do IASC/IASB e também foi diretor de fiscalização do Banco Central, da mesma forma que Eliseu Martins e Sérgio de Iudícibus. Eliseu Martins foi, ainda, diretor da CVM, bem como o próprio Alexsandro B. Lopes. Mais recentemente, Nelson Carvalho foi presidente do Conselho de Administração da Petrobras na fase da recuperação da empresa. Destaque-se, também, a participação, principalmente de Ariovaldo dos Santos, no prêmio Transparência, realizado por FIPECAFI, Anefac e Serasa, e do mesmo Prof. Ariovaldo na coordenação de Maiores e Melhores. Muitos outros professores tiveram brilhante participação em várias outras atividades. Destaque-se o papel central do Prof. Masaiuki Nakagawa como coordenador de uma comissão de três docentes que ajudou a criar o curso de mestrado na Unisinos, do Rio Grande do Sul, hoje um dos melhores em Contabilidade do País. As participações dos já citados e de outros professores têm sido tamanhas que não dá para lembrar de todos, nem da maioria.

Autoria de livros

Os professores da área de Contabilidade da atual FEA-USP têm sido pioneiros e continuam, atualmente, produzindo livros de grande qualidade. Somente o Prof. José Carlos Marion possui mais de 25 livros editados, alguns em coautoria comigo. O Prof. Eliseu Martins é autor de *best-seller* absoluto, *Contabilidade de custos*, e de outros livros de grande profundidade. O Prof. Assaf Neto distingue-se por livros ligados a Finanças e Análise de Balanços. Há, ainda, o *Manual de contabilidade societária*, com quatro autores, destacando-se os professores Eliseu Martins, Ariovaldo dos Santos e Ernesto R. Gelbke, além do autor destas linhas. O livro *Teoria da contabilidade*, de minha autoria, talvez seja o texto mais citado por autores. A lista de professores que escreveram textos exponenciais é muito grande e acredita-se que, na área de Contabilidade, os trabalhos de autoria de professores da USP representem cerca de dois terços, aproximadamente, da quantidade total editada no Brasil.

Contribuição de outras faculdades

A USP, por intermédio de seu Departamento de Ciências Contábeis e Atuariais, obviamente, tem sido o ator principal, até aqui, do impulso rumo ao progresso da Contabilidade e da Controladoria em São Paulo e no Brasil. Felizmente, o exemplo prosperou e várias outras universidades, centros de estudo e departamentos de Contabilidade também têm participado ativamente desse progresso. Direta ou indiretamente, não se pode minimizar a participação da Universidade Presbiteriana Mackenzie, da Faculdade São Luís, da Fundação Getulio Vargas (FGV), da Pontifícia Universidade Católica de São Paulo (PUC-SP), da Fundação Escola de Comércio Álvares Penteado (Fecap) e outras entidades espalhadas pelo Brasil, com seus cursos de graduação, mestrado e doutorado. No caso da USP, a FIPECAFI, órgão de apoio ao Departamento, sempre tem andado junto a ele, desde 1974, ano em que foi fundada. Várias universidades federais, estaduais, da mesma forma, por meio de seus cursos de graduação, mestrados e, onde houver, doutorados, também participam do esforço para a modernização do estudo e pesquisa em Contabilidade. Essa união não foi obtida sem esforço e algumas agruras, pois nem todos apreciaram o que estava sendo realizado. Tivemos muitas incompreensões e até tratamentos agressivos. Não concordar, conceitualmente, com determinada tendência é possível e até saudável, desde que dentro dos limites da ética e da educação. Hoje em dia, o sistema universitário que se erige ao redor da Coordenação de Aperfeiçoamento de Pessoal de Nível Superior (Capes) constitui, apesar das dificuldades, falta de verbas e certas idiossincrasias da própria Capes, na área contábil, um bloco avançado de estudo e pesquisa que pode fazer inveja a vários países, até mais ricos do que o Brasil. Como não se tem condições de citar todos, nem mesmo a maioria dos centros de progresso, gostaria de exemplificar o caso da Fucape do Espírito Santo, que tem tido um progresso admirável. Cartinha aos contadores: *hoje vocês podem dispor de um conjunto imponente de faculdades, mestrados, doutorados, onde podem aprimorar seus conhecimentos. Isso tem que ser aproveitado. Também o sistema do Conselho Federal de Contabilidade (CFC) e Conselhos Regionais de Contabilidade realizam um trabalho importante de apoio a todos os contadores. Isso custou muito esforço e dinheiro para ser organizado. Não deixem de usufruir e de melhorar tudo que aí está! (Sem esquecer os cursos livres de aperfeiçoamento, MBAs, de pós-graduação lato sensu etc.)*

Da USP à PUC-SP

Minha história na USP, apesar de muito intensa, não durou tanto. Ingressei como aluno em 1958, como professor em 1962, me aposentei em 1991 e fiquei mais uns três anos ainda dando aulas. Em 1993, tive oportunidade de ingressar na PUC, de onde tive que me afastar logo devido à minha breve passagem pelo Banco Central. Mais tarde, em 1996, ingressei definitivamente, a convite da Profa. Neusa Maria Bastos dos Santos, como Professor-assistente Doutor, condição em que me encontro até agora. Se minha carreira na USP foi muito rápida, passando de assistente a Professor Titular em 10 anos, na PUC-SP permaneço como Assistente Doutor. Saí da USP, pois, uma vez Professor Titular começa-se a ficar asfixiado por encargos administrativos (já tinha sido diretor da FEA e candidato a reitor), deixando de lado o que mais gostamos, ou seja, ensino e pesquisa. Antes, ainda na USP, tive a honra de ser, provavelmente, o primeiro professor brasileiro (naturalizei-me em 1964) a ser convidado como professor no curso de mestrado de Business, nos EUA, na Universidade de Kansas, em 1986, graças ao Prof. Arthur Thomas, de grata memória. *De um italianinho imigrante a professor de mestrado de uma das boas universidades norte-americanas!*

Gratidão à PUC-SP

Têm sido muito felizes os anos passados na PUC-SP. Sempre fui acolhido com simpatia e generosidade, apesar de meu temperamento contrário à burocracia e aos relatórios exigidos. Tenho, em troca, sempre, doado meus esforços a fim de ajudar o mestrado em Contabilidade da entidade a realizar uma mistura da qualidade USP com a maior liberdade da PUC! Várias gestões à frente da coordenação do mestrado se sucederam, a maior parte sob o comando da Profa. Neusa e de seu consorte; atualmente, com a alternância do Prof. Fernando Almeida, um lutador incansável e grande incentivador. Para mim, nunca foi fácil aceitar o conceito 3 atribuído, até agora, ao Programa, que mereceria, pelo menos, a meu ver, conceito 5, pela qualidade do curso, de seus professores e alunos. Com relação ao futuro, a tendência é o mestrado tradicional se transformar em mestrado profissional.

Minha experiência na PUC tem sido interessante, principalmente para aprender a trabalhar com alunos que não dispõem de tanto tempo para estudar e pesquisar, mas isso não significa que não haja alunos com potencial. Ao contrário, me maravilhei como eles conseguem superar as dificuldades de tempo para estudar e produzir trabalhos de grande qualidade.

CARTA 4
Teoria da Contabilidade: a teoria, na prática, é a teoria!

Sem dúvida, se consegui contribuir com algo de bom para a Contabilidade, foi, essencialmente, no campo da teoria, e, inicialmente, na área de custos e tecnologia da informação. O contador, em qualquer nível e especialização, que não tem uma sólida base teórica, sofre muito para acompanhar o entendimento e a contabilização de certas operações, principalmente os direcionamentos das agências normatizadoras, como International Accounting Standards Board (IASB), Comitê de Pronunciamentos Contábeis (CPC) etc. Cada norma editada para operações mais complexas é um sofrimento.

Por isso, o conhecimento básico de teoria, ao custo de um sofrimento inicial muito menor, evita o sofrimento e as dúvidas posteriores. Veja o exemplo da Premissa da Continuidade, adotado pelo IASB. Envolve, em sua definição breve, muitas dificuldades, pois fala em eventos futuros, taxas de juros, valores presentes etc. Qualquer livro de teoria, dos bons que existem no Brasil, ao tratar como Postulado (segundo Hendriksen/Iudícibus) a Continuidade, deixa bem claro que se trata de um assunto no qual contadores e auditores (principalmente) precisam utilizar todos os cuidados possíveis a fim de avaliar, pela situação financeira da entidade, pela força ou fraqueza de seu mercado de compradores etc., pela previsão durante vários anos de seus fluxos de lucros ou de caixa futuros, a real possibilidade de continuidade econômica da entidade *ou não*. Caso se decida pela descontinuidade, os princípios usuais, contábeis, não podem ser mais adotados e a entidade deverá ser avaliada a valores de realização. Quanto à taxa de desconto, até se avaliar o estado real, continuidade ou descontinuidade, deverá ser escolhida com muito cuidado. No caso da Continuidade, como em muitos outros, o IASB, de fato, seguiu o conceito de que o postulado diz o que deve ser feito, mas *não exatamente como*. Daí a expressão *subjetivismo responsável*, que o contador precisa utilizar.

A teoria precisa começar com algumas premissas básicas. A primeira: afinal, a Contabilidade é mesmo uma ciência à parte? E é tão importante assim que seja uma ciência, ou o fundamental seria sua utilidade para os usuários? Partindo de uma premissa de sua utilidade, essa é, na ordem dos fatores, o aspecto mais importante de um campo de conhecimento. Historicamente, essa discussão sobre o caráter científico da Contabilidade tem sido mais preocupação dos autores europeus clássicos, principalmente italianos, franceses e alemães. De maneira geral, os autores anglos não investem muito tempo nesse assunto.

Claro que, para a academia em geral, para os pesquisadores, enfim, no campo das universidades e das pesquisas, principalmente para os professores mais antigos, é uma questão de autoestima poder estar seguro da cientificidade das disciplinas que lecionam, pelo menos para muitos.

O Prof. Eliseu Martins afirma, peremptoriamente: *"o usuário é o rei da Contabilidade!"*. E quem vai discordar do eminente Mestre? Certamente, eu não. Todavia, essa constatação não resolve a dúvida: nossa amada Contabilidade é ciência?

Aqui, vamos tratar, com enormes simplificações, de alguns conceitos que poderão ajudar quem quiser se convencer se Contabilidade é ciência ou não. Definição de ciência: "o estudo aprofundado de certo campo de conhecimento, sendo possível extrair relações de causa e efeito, bem como possibilidade de reproduzir o efeito de certas operações em ambiente de laboratório" (fora do mundo real).

Esse tipo de definição favorece muito as ciências naturais e exatas, e muito pouco as sociais, como a Contabilidade, que, apesar de expressar-se por meio de números, não é, certamente, uma ciência exata, como já vimos. O aspecto de extrair relações de causa e efeito, de uma forma simplificada, é razoavelmente viável. O mais complicado é prever o efeito de certas operações longe do ambiente social, complexo, em que a Contabilidade atua! Deixo aos leitores a tarefa de adotar, como preferida, a hipótese de ciência ou, simplesmente, e não menos importante, a de um campo de conhecimento extremamente útil, cujo beneficiário final é rei, como vimos, o usuário da informação derivante do sistema contábil! Para as ciências sociais, talvez possamos nos contentar com uma definição mais simplificada: "o estudo aprofundado de certo campo de conhecimento, utilizando *metodologias científicas* para avaliar as relações de causa e efeito". Pronto! Então, para deixar todos contentes, *Contabilidade é uma ciência...*! (aplausos).

Certamente, minha forma tão simplificada de tratar de assuntos tão sérios deve constituir verdadeiro horror para os especialistas em metodologias científicas e teoria das ciências, porém, não estamos, aqui, neste livro, escrevendo um artigo científico, mas dialogando diretamente com os contadores, atuais e futuros. Preferimos ser didáticos a perfeitos, mesmo porque não existe total acordo entre os entendidos sobre tais assuntos.

Os contadores que não foram expostos a estudar teoria vão enfrentar mais dificuldades para entender a prática contábil do que os que tiveram a oportunidade de estudar teoria, de forma crítica e construtiva. Sempre que possível, a explicação de argumentos teóricos tem que ser ilustrada com exemplos. Mas, às vezes, é necessário que o futuro contador tenha a paciência de enfrentar e entender conceitos bastante abstratos. Tais conceitos apresentam sua maior dificuldade semântica exatamente no início do estudo de teoria, quando, na visão das peculiares correntes teóricas ou de entidades reguladoras, tem-se que entender conceitos abstratos como postulados contábeis, princípios propriamente ditos, convenções contábeis. Outros autores preferem denominar tudo de conceitos contábeis.

É preciso não confundir os conceitos essencialmente teóricos, feitos por teóricos, com as estruturas conceituais costuradas por entidades reguladoras oficiais criadas pelos governos ou por entidades de contadores, embora essas também serão mais bem entendidas se os futuros profissionais tiverem sido expostos antes aos conceitos puramente advindos de autores independentes. É evidente que, em última análise, a prática profissional tem que respeitar e adotar os conceitos regulatórios do tipo dos emitidos pelo IASB, CPC, FASB etc.!

É muito útil, todavia, que os estudantes sejam primeiramente familiarizados com alguns conceitos fundamentais propostos por autores consagrados, como Hendriksen e outros.

Particularmente, aprecio os conceitos de Hendriksen, que, didaticamente, dividiu-os em três categorias: postulados, princípios e convenções (normas).

- *Postulados:* é como se fosse escolher, para uma viagem ao interior do Estado de São Paulo, qual o roteiro de rodovias que deverei percorrer para chegar ao local desejado.
- *Princípios:* são os sinais de trânsito que vão orientar minha viagem.
- *Convenções (normas):* quando chegamos próximo à cidade onde queremos entrar, indicam o centro, as zonas oeste e leste e as entradas respectivas. Em uma grande cidade, isso faz muita diferença.

Em outras palavras:

- *Postulados:* entidade e continuidade.
- *Princípios:* custo como Base de Valor (Registro) Inicial, Denominador Comum Monetário, competência.
- *Convenções (normas):* objetividade, materialidade, consistência, prudência.

Também existem as qualidades da informação contábil e a primeira, mais importante, segundo a regulação do IASB/CPC, *é a prevalência da essência (econômica) sobre a forma (jurídica).*

Não estamos, nestas cartas, a escrever um livro de teoria! Apenas, vamos destacar alguns aspectos mais importantes. Assim, entre os postulados, escolhemos o da entidade. Esse se refere a várias disciplinas e não apenas à Contabilidade; na verdade, vem do Direito, inicialmente, ou seja, não se confundem os direitos dos cotistas ou acionistas com os da entidade! Entidade tem vida própria e à parte. Os cotistas ou acionistas não podem requerer a parte a que têm direito sobre os ativos a qualquer momento, mas apenas se saírem da entidade ou se o lucro da entidade for declarado em favor deles pela assembleia de cotistas e/ou acionistas. Por outro lado, a entidade pode assumir características de um consolidado quando controla outras entidades. Essencialmente, entidade é o espaço econômico, físico e jurídico no qual os agentes econômicos realizam suas operações.

Entre as convenções, escolhemos *objetividade:* até alguns anos atrás, a objetividade era sinônimo de que somente se poderia entrar no ativo bem ou direito, desde que dotado de objetividade tal que fosse consubstanciado por uma fatura ou algum documento comprobatório. E a propriedade e/ou posse era fator determinante. Quanto ao critério de avaliação, o custo de aquisição era o único a ser considerado. Com a cada vez maior complexidade das operações e considerando, não apenas, as variações do poder aquisitivo médio da moeda, mas também outras variações econômicas, outros critérios de mensuração, desde que aceitos pelas entidades reguladoras, passaram a ser considerados, como: custo corrente ou de reposição, custo histórico corrigido pela inflação, custo corrente ou de reposição corrigido pela inflação e outros critérios; em certos casos, até por valores de saída. Mais recentemente, pelo Valor Justo, para alguns ativos e passivos. Assim, a convenção da objetividade ampliou muito os critérios de aceitação e de inserção como itens do ativo e, por consequência, de suas amortizações ou quando passam para despesa, ou perda, pelo desgaste, *impairment* ou amortização. Note-se, todavia, que os critérios mais avançados, como reposição etc., são propostas de alguns autores, mas nem sempre ou quase nunca apoiados pelas agências reguladoras. Assim, é cada vez mais válido o conceito de que objetividade tem um sentido relativo. Antigamente algo era objetivo se consubstanciado em documentos comprobatórios. Hoje em dia, pode prevalecer um critério mais subjetivo, desde que apoiado por um colegiado de *experts* reunidos para decisão, como no caso das entidades reguladoras, ou na contabilidade gerencial, em que o grau de subjetividade pode ser ainda maior.

Entre os princípios, escolho competência, como o mais importante. Receitas e despesas devem ser reconhecidas em função de seus fatos geradores, econômicos e não pela sua entrada e saída em moeda! Quer dizer que o fluxo de caixa não é importante? Claro que é, mas a Contabilidade está condicionada a reconhecer a receita quando ela é ganha, ou seja, quando o esforço em produzi-la já ocorreu e a despesa, o mais possível associada à receita respectiva, quando é incorrida. Os detalhes relativos a essa discussão são inúmeros e não vou incomodá-los com isso. O mais importante é considerar que todos esses conceitos e as qualidades da informação contábil têm que ser observados, todos, conjuntamente. Todos eles são importantes e o erro em qualquer um deles desvirtua o reporte contábil como um todo!

O estudo da teoria, entretanto, não se limita aos postulados, princípios e convenções. Vários capítulos adicionais são essenciais para um conhecimento básico da matéria. A maior vantagem de estudar teoria é aumentar muito a capacidade de entendimento das normas emanadas de entidades reguladoras, como IASB, FASB, CFC e outras. Capítulos como ativo, passivo, patrimônio líquido e muitos outros, completando, em média, de 300 a 500 páginas de um livro de teoria, precisam ser estudados com muita intensidade e atenção.

Resumindo: Teoria, para o contador, é como a estrela que guiava os antigos navegadores a aventurar-se por mares bravios e destinos incertos! Para o profissional contábil, Teoria da Contabilidade é a estrela. Conhecendo bem as noções básicas de teoria, na verdade, nem precisaríamos de normas no exercício profissional, pois saberíamos, a partir da teoria, nós contadores, explicitá-las! Assim, jovens contadores, TEORIA, NA PRÁTICA, É A TEORIA!!!

CARTA 5
Importância da pesquisa na vida profissional (não apenas para professores)

Para qualquer profissional contábil, pesquisa é importante. Vamos simplificar e pensar, primeiro, em saber como ordenar o pensamento na procura por resolver problemas reais na empresa. Em primeiro lugar, temos que definir bem qual é o problema ou tarefa a ser realizada. Suponha um exemplo simples: o CEO solicitou ao contador ou controlador fazer uma revisão completa do relatório contábil e financeiro a ser apresentado nas reuniões mensais da diretoria. Quem participava dessas reuniões eram o próprio CEO, o diretor financeiro da empresa, o diretor de marketing e o diretor de produção, às vezes, o encarregado de recursos humanos. O contador estudou tudo que era livro de Contabilidade, Controladoria e Finanças, Relato Integrado etc. e produziu um relatório de indicadores de, pelo menos, umas 18 páginas, com fórmulas, quadros, análises e previsões. Já na primeira reunião, quando o relatório foi apresentado, a apreciação foi totalmente negativa por parte do comitê! *Pergunta: qual (ou quais) o(s) erro(s) cometido(s)?* Na verdade, cometeu um único erro, mas foi tão grande como se tivesse cometido uns 20. Se ele tivesse um pouco de conhecimento dos altos executivos e de suas preferências, saberia que o relatório deveria ser resumido a duas ou três páginas, no máximo, apresentando apenas os indicadores financeiros e patrimoniais mais importantes. Uns 10 ou 20 indicadores seriam suficientes! O contador em questão aprendeu a duras penas a lição. E, logo em seguida, foi em várias livrarias procurando por livros técnicos sobre pesquisa, métodos de pesquisa, e achou todos muito complicados. Aprendeu na prática. Entretanto, para professores e pesquisadores que exercem suas atividades em universidades, o estudo das várias metodologias científicas é extremamente importante. Contudo, eu lembraria a todos que o assunto a ser pesquisado é o essencial. As metodologias são as mais variadas e dependem da visão de mundo do pesquisador. A maioria, atualmente, utiliza a metodologia positivista para escrever artigos, que pressupõem que a Contabilidade, em matéria de pesquisa, possa ser assemelhada às ciências formais ou exatas. Mesmo com base nessa aproximação grosseira, existem trabalhos de grande impacto, principalmente nos EUA, desde a década de 1960. Entretanto, pessoalmente, me interesso mais por trabalhos qualitativos, sob as mais variadas formas, pois a Contabilidade, afinal, é uma ciência social. A esse respeito, gostaria de poder ler trabalhos mais conceituais e provocativos, em forma de ensaio, com mais liberdade, sem ter que me ater a fórmulas, R2 etc., embora mesmo trabalhos qualitativos possam, no final, incluir tabelas estatísticas simples. Nós, por dever de ofício, lemos um enorme número de trabalhos quantitativos e lembramos mesmo de uns poucos. Já os trabalhos mais normativistas, escritos por professores criativos, mesmo desafiadores e com defeitos metodológicos, lembro vários e vários, bem como livros. *Um pouco de tempo dedicado ao estudo das principais metodologias de pesquisa, principalmente aprender a ordenar ideias esparsas, a pôr ordem e sequência na análise de problemas reais, será de grande ajuda, não apenas para professores e pesquisadores, mas também para os contadores práticos nas mais variadas atividades e especializações!*

CARTA 6
Desafios e oportunidades para o futuro

Desde as primeiras edições do meu livro *Teoria da contabilidade*, eu alertava: nosso futuro será uma realidade de computadores e robôs (isso no final da década de 1970). Mais recentemente, adicionei... *big data*; agora, teria que adicionar inteligência artificial (IA)!

Na verdade, a simples enunciação IA provoca desmaios, delírios e quase suicídios em contadores, administradores, economistas e outros profissionais, um pouco menos nos engenheiros, talvez.

Até agora os *devices* da IA têm sido capazes de ser tão inteligentes quanto os humanos, e milhares de vezes mais rápidos, em aplicações que requerem enorme quantidade de dados e repetições. Por exemplo, hoje, com IA, é possível, por meio dos registros numéricos de dados sobre vendas, projetar vendas futuras e a lucratividade. Enfim, em toda atividade onde há grande número de dados, IA é capaz, em pouco tempo, de fazer projeções que levariam, para um contador bem preparado, anos para definir futuros valores.

Até aí, não deveríamos nos desesperar. Pelo contrário, deveríamos ficar contentes com o fato de a IA nos livrar de atividades repetitivas, liberando tempo para as funções mais nobres de nossa atividade. (O grande problema é verificar se, de fato, estamos dedicando tempo a essas atividades mais nobres, como contabilidade estratégica, por exemplo.)

A respeito da evolução futura da IA, existem visões diferenciadas entre os estudiosos. A maioria avalia que não evoluirá a ponto de superar o homem (mulher) nos problemas que exigem capacidade de imaginação, inteligência, *feeling*, cultura geral, conexão rápida entre vários setores do nosso cérebro, arte, experiência e outros fatores cognitivos. Outros dizem que, aos poucos, a IA evoluirá até o ponto de aprender essas vantagens humanas por repetição e erro. O filme *Odisseia no espaço* seria o auge assustador desse progresso da IA, quando o computador fica tão evoluído que não mais obedece a seu dono!

Bem, levando-se em conta o que parece mais razoável ocorrer na evolução da IA, restam os desafios que os contadores terão que enfrentar para manter sua profissão atrativa e manter seus empregos.

Contabilidade e empresas digitais

Mesmo que as agências reguladoras não venham a tratar, explicitamente, do assunto (o que seria um erro), contadores não poderão passar batido por esse desafio. A importância dos ativos intangíveis, nesse tipo de entidade, sobretudo os criados internamente, pode representar até quase tudo na avaliação do mercado com relação às empresas digitais. Nem por isso o contador vai deixar de aplicar a contabilidade regulatória, com as demonstrações tradicionais, balanço, demonstração de resultados etc. Claro que o balanço estará muito longe dos valores da marca e do valor atribuído pelo mercado à entidade. Ainda assim, a demonstração de resultados sempre vai ser de interesse para análise, pois até algumas atividades que vêm incrementar o valor da empresa estão identificadas na demonstração de resultados, como cursos de aperfeiçoamento para seus funcionários e muitas outras.

Entretanto, o contador deverá conhecer os métodos de avaliação de valor da marca, bem como ser capaz de assessorar os interessados em identificar os fatores que levam o valor da entidade a ser muito maior (ou menor, em raros casos) do que o do patrimônio líquido tradicional da contabilidade regulatória (pelo menos a que conhecemos até agora). *O contador não pode e não deve renunciar a uma de suas funções mais nobres, a de assessor e consultor.*

Vocações básicas dos contadores

Muitos anos atrás, o AICPA dos EUA realizou importante pesquisa sobre as qualidades básicas de um contador qualificado. Vários fatores e facetas ressaltaram da pesquisa, mas lembro que um que me impressionou foi, ou inato ou adquirido aos poucos, o sentido da relevância (materialidade) dos números, cifras e conjuntos de números e cifras nas demonstrações contábeis. Não existe, salvo em poucos casos bem restritos, uma fórmula mágica para calcular a relevância ou materialidade. Contadores são adeptos da famosa regra dos 10%, mas ela nada tem de científico. Vivemos sempre às turras com esse conceito. Há contadores que, por vocação inata, se sobressaem sobre os outros por essa qualidade! Outros aprendem a duras penas, com muito esforço e muitos insucessos parciais.

Longe de mim querer dar uma fórmula: por exemplo, nem sempre algo errado em um documento contábil, mas de valor muito pequeno, significa que não seja relevante, visto que pode indicar um problema no sistema de emissão. Para quem nasceu privo dessa qualidade inata (vocação), só nos resta aplicar boa dose de bom senso!

Fraquezas da formação usual dos contadores

Apesar de todos os esforços e, talvez, por causa do baixo nível cultural de boa parte dos que ingressam nos cursos superiores de Ciências Contábeis, ainda hoje, o elenco de disciplinas dos cursos de graduação tem falhas graves. Falta de disciplinas de cultura geral, de métodos quantitativos e da área de Sistemas de Informação. Isso é algo usual até nas melhores faculdades! Só poderá ser sanado por meio de tremendo esforço por parte dos alunos e, depois, formados. Lamentavelmente, muito pouco se lê na área contábil, até em cursos de mestrado! Por isso é que perdemos empregos principalmente para engenheiros e mais vezes em bancos. Na área financeira, bem como em muitas outras, a facilidade de fazer previsões, de utilizar algoritmos é muito importante. Na área de Sistemas de Informação dos tipos SAP e outros, usualmente, contadores não têm facilidade. Mesmo em Matemática Financeira, normalmente, os cursos são de apenas um semestre. Que dirá dos aplicativos estatísticos mais avançados, econométricos, das séries da bolsa de valores etc. Temos notado, mesmo em cursos de mestrado, dificuldades nessas áreas por parte de formados em Ciências Contábeis. Assim, essas falhas devem ser sanadas com muita dificuldade por cursos especiais, leituras e muito esforço próprio.

Contabilidade segue a Economia? Certamente, grande parte das transações registradas pelo sistema contábil é de natureza econômica. Entretanto, na Contabilidade de Custos o sistema contábil realiza apropriações do que, em um primeiro momento, representou gastos para o sistema de produção. Hoje em dia, todavia, o campo dos *stakeholders* aumentou bastante, apesar de a estrutura conceitual inicial do IASB dar clara preferência aos acionistas ou cotistas e aos credores, incluindo fornecedores, trabalhadores da empresa, governo, instituições ambientais e outros interessados. O relato integrado nada mais é do que a face escrita dessas preocupações ampliadas com vários usuários da informação. Historicamente, a Contabilidade sempre se adequou aos desenvolvimentos econômicos e sociais nas várias épocas, desde os rudimentares desenhos nas paredes das cavernas dos homens pré-históricos, pintando principalmente animais, uma espécie de inventário rudimentar, passando pelas antigas civilizações sumério-babilonense, egípcia, grega, romana, medieval, luzindo extraordinariamente na renascença italiana, revolução industrial, surgimento das grandes potências econômicas da Europa, Estados Unidos e mais recentemente Ásia. Note-se que a Contabilidade não apenas serviu para contabilizar os fenômenos econômicos das várias épocas, bem como, em um efeito circular, facilitou os progressos econômicos e civilizatórios nos vários países e continentes citados! Se fosse, a Contabilidade, apenas um sistema de contabilização e de controle, seria o caso de atribuir-lhe uma importância secundária. Na verdade, as empresas e nações, a economia em geral, se nutrem das melhores decisões que a Contabilidade proporciona aos que tomam tais decisões!

Aliás, segundo o historiador econômico Schumpeter, não teria sido possível escrever a história da Economia se não existissem os livros diários dos comerciantes de vários países europeus, principalmente das repúblicas da Renascença italiana! Assim, em alguns casos, Contabilidade e Economia estão interligadas, mas são campos de conhecimento distintos. E, sem dúvida, a Contabilidade é a mais antiga, nas suas raízes históricas, com relação a publicações.

Contador do futuro

Sem dúvida, o século XXI é o da tecnologia e da informação! Na informação, o contador tem uma participação preponderante. Não devemos ter receio da IA, mas aproveitar o tempo livre que ela nos deixará, a fim de exercitar as funções mais nobres que nosso cérebro – inigualável e que nunca será superado – possa desempenhar. Já afirmei outras vezes que a Contabilidade segue a sociedade. Federigo Melis, o grande historiador, foi além: *o progresso da Contabilidade segue a evolução da civilização humana.*

Vamos, todos, contadores profissionais de diversas especializações e, principalmente, professores e pesquisadores, nos engajar nesta nobre missão: aperfeiçoar-nos no presente para brilharmos como uma das estrelas do futuro.

PARTE 2

Cartas do Professor Eliseu Martins

APRESENTAÇÃO

Em primeiro lugar, quero agradecer ao Prof. José Carlos Marion pelo convite para participar deste livro, ainda mais na companhia dele e do nosso guru comum, o Prof. Sérgio de Iudícibus. Experiência pioneira entre nós, que eu saiba.

Ao escrever, tive a oportunidade de rememorar tantas pessoas queridas, tantos fatos que me marcaram, além de minha vivência como aluno. Aluno que, na verdade, sou até hoje. Continuo aprendendo e talvez, cada vez mais, me conscientizando de como é pouco o que sei. Porém, o que sei devo a pessoas de quem nunca me esqueço.

Não vou aqui correr o risco de citações, restringindo-me neste momento tão somente ao Prof. Sérgio, que me convidou para ser seu assistente nos idos de 1967, depois foi meu orientador de doutoramento, eterno professor e guru.

As cartas aqui apresentadas têm objetivos diversos, apesar de o elo comum ser a vontade de me comunicar com quem estuda Contabilidade.

Começo na carta 1 a explicar o porquê de ter-me tornado contador e, depois, professor, e mostrar como é importante estar sempre atento às oportunidades que aparecem na vida, sem deixar o cuidado com o planejamento.

Na segunda carta, procuro relatar um pouco da experiência mista que sempre tive: aliando teoria à prática, o mundo acadêmico ao mundo profissional, a atenção à atividade na iniciativa privada e também na vida pública, sempre como profissional atrás da participação na melhoria na Contabilidade.

Nas terceira e quarta cartas, procuro falar dos dois grandes inimigos da Contabilidade: a informalidade, tão presente ainda na nossa economia empresarial, e a inflação. Esta última, fator que provoca, mesmo com taxas baixas, tanta deformação para a qual contribuímos em função das normas existentes. E mostrar como é importante pensar "fora da caixinha" e ajudar os usuários a fazer isso também. Só que acho que fui técnico demais nessas cartas. Perdoem-me, mas foi por conta da importância não reconhecida desse assunto na grande maioria das escolas nos dias de hoje.

Nas quinta, sexta e sétima cartas, procurei desenvolver uma parte histórica da Contabilidade para mostrar o porquê de terem surgido práticas tão desiguais no mundo que forçaram a tentativa (bastante bem-sucedida) de uma convergência internacional. E com isso entender onde estávamos há poucos anos para compreendermos bem melhor a situação atual e podermos analisar as probabilidades de desenvolvimentos futuros.

Na oitava, ampliando alguns pontos já mencionados na primeira carta, procurei falar de minhas experiências na Comissão de Valores Mobiliários e no Banco Central do Brasil como contador em suas diretorias, para mostrar que podemos, sim, contribuir enormemente com a Contabilidade por meio dessas participações na atividade pública.

Finalmente, na última carta, procuro discutir novamente dois assuntos um pouco mais técnicos, mas em uma conversa tentativamente amigável: a importância das notas explicativas e do parecer do auditor independente como instrumentos complementares às demonstrações primárias da Contabilidade.

Tudo isso para melhor atingirmos o "Rei" da informação contábil, que não é o professor de Contabilidade, o normatizador, o auditor, o contador etc. É o nosso usuário, interno à entidade (gestores) ou externo (credores, investidores, empregados, clientes, fisco, fornecedores, sociedade em geral). O Usuário é que é a razão de ser da Contabilidade.

Espero ter conseguido mostrar um pouco disso.

CARTA 1
Por que me tornei um contador/ professor (ou o inverso)?

Não vou entrar em discussões filosóficas, religiosas, psíquicas ou de outra natureza sobre destino, vocação, atos divinos, livre-arbítrio ou simplesmente incidentes da vida na escolha de uma profissão. Vou apenas procurar contar, nesta primeira carta, por que me transformei em um contador e em um professor que sempre procurou aliar a teoria contábil à prática profissional; bem como a aliar a experiência pessoal à vivência didática; ou o exercício profissional no mundo privado e também no mundo governamental; a consultoria e a redação de pareceres técnicos sem abandonar o ensino, a pesquisa, os livros e os artigos técnicos. E por que isso parece ter dado certo.

Primeiro, será que nasci com essa vocação de contador?

Na minha família não havia, de fato, nenhuma tradição nesse campo; na verdade, meus três irmãos cursaram parcial ou integralmente as antigas Escolas de Comércio, mas não exerceram nunca essa profissão; aliás, 10 a 12 anos mais novo do que eles, nunca os ouvi sequer falar sobre o assunto.

Meu pai, sitiante em Minas Gerais (sítio Mococa, no bairro do Abertão, município de Albertina, onde nasci – por isso a propriedade rural onde hoje resido chama-se Mocoquinha), nunca frequentara qualquer escola, nem mesmo a fundamental (primário, à época); aprendeu a ler, a escrever e a fazer e controlar as contas do sítio em casa com o pai dele, originário da Espanha (meu sobrenome correto é Martin, não Martins – erro do cartorário).

O único fato de que me lembro no campo dos números foi que meu pai me ensinou, ainda antes de eu ser alfabetizado aos sete anos, a fazer conta, e de cabeça! Me ensinou a desmembrar os números para assim proceder. Por exemplo: na multiplicação de 36 por 12, multiplicar de cabeça 36 por 10, o que é fácil (360 se não me engano...) e daí adicionar 72 que são 36 vezes 2, dando 432. Ou seja, desmembrava 12 em 10 mais 2 e fazia as contas separadas, juntando-as depois. Será que isso me influenciou na escolha profissional?

O que interessa é que fiz o "ginásio" (ensino fundamental II como é conhecido hoje) no interior (em Espírito Santo do Pinhal – SP, em um belo colégio, o Cardeal Leme) e fui fazer o curso "científico" (ensino médio hoje) em São Paulo, no Colégio de Aplicação da Faculdade de Filosofia, Ciências e Letras da Universidade de São Paulo. Por isso, costumo dizer que estou na USP há 59 anos! (estou escrevendo em 2020).

Muito rapidamente: "fugi" de minha cidade porque queria fazer o Curso Preparatório de Cadetes do Ar, onde faria o ensino médio; mas foi um desastre descobrir que minha mãe, vinda com a família da Espanha com 15 anos por causa de guerras e revoluções, não conseguia suportar, por causa desse trauma, a farda. Incomodado por não poder ir para onde queria, e não querendo mais ficar em casa, me mudei para São Paulo onde, aos 15 anos, entrei, então, "na USP".

Durante o ensino médio, simplesmente não conseguia me decidir para onde me dirigir. Fiz teste vocacional no Departamento de Psicologia da USP e concluíram: faça o que quiser, mas evite Direito (com o que tanto convivo hoje) e Medicina (contrariamente ao Prof. Sérgio de Iudícibus que queria tanto esse curso), talvez porque eu simplesmente não podia (e detesto até hoje) ver sangue. Fiz uma parte do ensino médio com a turma de biológicas e outra com a de exatas, e continuava desnorteado.

Pensei fortemente em fazer Mineralogia (um irmão tinha garimpo em Goiás), mas daí descobri que o que existia era o curso de Geologia com algumas disciplinas de Mineralogia, porém, o curso era em tempo integral. Eu já trabalhava (era bancário) e precisava me sustentar. Na verdade, estava sem rumo algum.

Resolvi, quando terminei o ensino médio: vou fazer concurso para o Banco do Brasil (um empregão à época) e depois me decidir. E daí aconteceu o que hoje vejo como um "incidente da vida".

Reparem: terminei o ensino médio sem qualquer noção de para onde ir e resolvi simplesmente dar um tempo.

Só que o Arnon Shimon Hollaender, colega no Colégio de Aplicação, que acabou também sendo meu colega ensinando Marketing no Departamento de Administração da FEA-USP e depois foi diretor do Colégio Objetivo (e foi professor de um dos meus filhos), passou na minha casa em um sábado à tarde me convidando para irmos ao cinema. Saímos, e ele me disse que precisava passar na Faculdade de Ciências Econômicas e Administrativas da USP (nome original da FEA-USP) porque iria fazer sua graduação lá, em Economia. Fui, meramente por companhia, mas na hora insistiram tanto, ele e o funcionário da então FCEA-USP, que acabei me inscrevendo.

Coincidia o vestibular com o concurso do Banco do Brasil, ao qual realmente me devotei. Mas o nosso ensino médio era formidável e acabei ingressando na faculdade! Só que, àquele tempo, entrava-se na faculdade e não nos cursos. Só depois, no início do segundo ano, é que se decidia por Administração de Empresas, Administração Pública, Atuária, Contábeis ou Economia. E lá estava eu em uma escola na qual havia caído de paraquedas.

Ocorre que, naquele mesmo ano, começava uma revolução no ensino da Contabilidade no Brasil (na verdade, eu não tinha a menor ideia disso). Os Profs. Alkindar de Toledo Ramos, Sérgio de Iudícibus e demais assistentes da então Cadeira 5 – Contabilidade Geral e Contabilidade Pública – iniciavam essa revolução, por orientação do Prof. José da Costa Boucinhas, que era de outra cadeira, mas assumiu a de número 5 por aposentadoria de seu regente.

Aprendi bem depois que era muito chata e obtusa a Contabilidade franco/italiana até então ensinada nas escolas, e chato também era o seu ensino em que se privilegiava o estudo de títulos e documentos (nota promissória, cheques, duplicatas, contratos, estatutos, atas etc.), e também o conhecimento das sociedades (limitadas, anônimas, comanditas por ações etc.) em detrimento da Contabilidade propriamente dita – e esta muito voltada ao interesse do Fisco. E às vezes começava-se discutindo Teorias Contábeis antes de mostrar como funciona a Contabilidade.

Só que eu não passei por esses horrores; afinal, esses professores fizeram uma mudança: começaram a apregoar que o rei da Contabilidade é o seu usuário. Principalmente o gestor (à época, esse era o grande enfoque); e assim deveria ser ensinada a Contabilidade. Mais do que entender as leis e os regulamentos, devia-se ensinar no que poderia a Contabilidade ajudar o usuário.

Em vez de ensinar de cara débito e crédito, por que não montar balanços sucessivos após cada operação da empresa para entender a dinâmica do patrimônio, e só depois utilizar aquelas amedrontadoras palavras (débito e crédito)?

Além disso, ensinavam que os conceitos e a teoria teriam que ir sendo dadas durante os exercícios de escrituração, não como um tópico à parte; ou seja, teoria e prática ao mesmo tempo.

Ainda ensinavam: o fundamental é o produto final, o balanço e a demonstração do resultado, sendo a escrituração o meio para se chegar lá.

E o que é mais relevante: insistiam em nos dizer que a Contabilidade não é um fim em si mesma, mas um instrumento para ajudar nas decisões dos usuários. Para que os usuários a entendam, você precisa ser o primeiro a aprender a analisar as demonstrações contábeis e depois ensinar isso a esses usuários.

Foi por causa dessa visão (na verdade, não conhecia outra) que, tendo ao mesmo tempo aulas de Contabilidade, Economia, Administração e outras no primeiro ano, acabei me apaixonando por aquelas de Contabilidade. Até hoje não sei se foi porque achei tão mais simples aquilo do que o restante (incompetência para as outras áreas?), ou pela forma extraordinariamente cuidadosa, pragmática, mas conceitual com que meus primeiros professores ministraram essas aulas; o que interessa é que, ao final do ano, deliberei cursar Ciências Contábeis.

O chefe da cadeira (disciplina) de Contabilidade Geral de então, o Prof. Alkindar, me convidou para ser monitor, a fim de auxiliá-lo, auxiliar o Prof. Sérgio e os demais colegas de então (vejam a capa do livro-texto *Contabilidade introdutória*) nas correções dos exercícios, das provas e no preparo de algum material para as aulas que proferiam.

Ah, eu havia também entrado, ao mesmo tempo em que ingressei na faculdade, no Banco do Brasil. Estudava de manhã, fazia monitoria à tarde na faculdade e trabalhava à noite, após 19h. Essa atividade de monitoria me aproximou muito dos então professores.

Durante minha graduação, o Prof. Sérgio de Iudícibus terminou seu doutoramento e brilhantemente assumiu a então Cadeira 5 (naquele tempo, as faculdades eram divididas em Cátedras, em Cadeiras, e não em Departamentos); manteve-me como monitor e foi me passando muita coisa além do conteúdo formal e normal do curso. Ah, obrigado, Professor. Quando terminei o curso, ao final de 1967, recebi dele o assustador convite para ser seu assistente, o chamado "auxiliar de ensino" da época. Mas, para isso, precisaria ingressar no doutorado e dar, pelo menos por um certo tempo, dedicação integral à faculdade.

Imaginem o dilema: à época, ser funcionário do Banco do Brasil era algo fora do normal, salário bom e *status* social formidável. E agora o convite para me tornar professor de Contabilidade que conhecera há pouco tempo e que, na verdade, nunca praticara. Eu nunca havia dado uma aula para uma classe de alunos; será que daria certo? Eu me sentiria bem? Conseguiria efetivamente ser bom professor? Abandonar a carreira garantida no banco para começar uma nova, sem qualquer experiência, era uma decisão cruel.

Tentei dividir em duas etapas: fui ao banco e pedi uma licença sem vencimentos por dois anos; conseguiria então experiência suficiente para ver se continuava ou voltava para onde estava. Sabem o que ouvi do gerente? "O banco precisa de bancários, não de mestres." O choque foi tão grande que pedi à secretária dele que me emprestasse sua máquina de escrever (computador e impressora só surgiram muito tempo depois). Ali mesmo, redigi minha carta de demissão e lá fui eu mergulhar na carreira acadêmica sem a mínima ideia do que iria acontecer.

Vocês são capazes de imaginar, por exemplo, como meu pai se assustou com isso? Abandonar o Banco do Brasil? Ser professor? Apesar de a carreira de professor ter uma ótima imagem na sociedade, a de funcionário do Banco do Brasil era muito maior. Coitado do meu pai, mas viveu o suficiente para ver que me valeram a pena todas essas decisões e o aproveitamento de todas essas oportunidades.

Vejam, caros alunos: nunca imaginara ser contador, ou professor, ou ambos concomitantemente. Entrei na FEA-USP por uma casualidade: acompanhando um colega que foi fazer matrícula para o vestibular e acabei convidado pelo Prof. Sérgio para uma guinada na qual nunca tinha pensado.

Contudo, acabei aproveitando as oportunidades, não sem correr riscos, e tudo deu certo. Só sei que o Prof. Sérgio, coitado, talvez até hoje se arrependa de me convidar para ser seu assistente, mas agora está feito...

Notem: estou procurando dizer que temos que ter, sim, uma programação de vida, uma meta, um sonho (o meu passara a ser o Banco do Brasil), mas é importante estar sempre atento às oportunidades que às vezes "caem do céu"; planejar é vital, mas ficar preso e amarrado ao planejamento pode ser catastrófico.

O planejamento deve ser entendido como um meio de melhorar na vida, de conseguir chegar a um certo objetivo, de controlar comparando o que ocorre com o que se acha que deveria estar acontecendo. Todavia, a vida nos prega muitas oportunidades boas e muitas más que podem nos mudar para um planejamento melhor, ou, infelizmente, também para o desastre. Daí a necessidade de estarmos sempre atentos, de antena ligada, analisando o que vai ocorrendo ao longo do desenrolar de nossas vidas e nossas atividades. Às vezes é necessário e importante mudar de plano.

Aliás, nunca me esqueço de uma situação: no começo de minha vida como consultor, visitava o diretor de uma indústria farmacêutica que, àquela época, ficava quase no centro de São Paulo, no bairro de Santa Cecília. Esse diretor argumentava ao telefone com alguém na sede, nos EUA, que pelo orçamento plurianual tinham que comprar, no ano seguinte, um terreno para transferir a fábrica que não poderia continuar mais onde estava. E argumentava dizendo que localizara em uma tal de Rua Berrini (fantástico centro de empresas hoje) um terreno que atendia às necessidades e que tinha um preço excelente (à época era mesmo barato – muito perto de favelas); e o diretor com quem estava conversando sobre uma consultoria pedia autorização a fim de antecipar para aquele ano a compra. Contudo, disse-me o diretor o que ouviu do lado de lá: "Está no orçamento corrente? Não? Então não me incomode." E perderam um excelente negócio.

Um exemplo de que o planejamento não pode se tornar uma obsessão e chegar ao ponto de cegar os olhos para o que está ocorrendo de fato.

No entanto, voltando à minha vida, o que ocorreu depois? Assumi o cargo de assistente do Prof. Sérgio e comecei rapidamente a ter gosto pela docência. Logo de início, participei da elaboração do livro *Contabilidade introdutória*. O Prof. Sérgio, agora o nosso chefe, teve a ousadia de escrever um livro completamente diferente do que existia no Brasil à época.

Publicado o livro, começou a revolução no ensino da Contabilidade no Brasil. Aquela nova metodologia didática e aquela nova visão contábil extrapolaram os muros da FEA e passaram a estar disponíveis para quem quisesse. Ah, vocês não sabem o quanto fomos criticados e xingados por ousar inovar. E isso ocorreu durante anos e anos. Porém, aos poucos, parece que a maior parte do ensino passou a se centrar nessa metodologia (pelo menos espero estar correto afirmando isso).

Resumindo até aqui: nunca, jamais, sonhara em ser contador. Muito menos ainda em ser professor. Originariamente queria ser Cadete do Ar; depois, funcionário do Banco do Brasil, de repente, me torno um contador e um professor de Contabilidade, e isso em parte devido a certos eventos inesperados e alguns até fortuitos (também por culpa do Prof. Sérgio de Iudícibus...).

Olhar sempre atento às oportunidades, gente.

Todavia, logo no início, percebi que ficar somente na academia não me deixava genuinamente feliz. Ou melhor, não me deixava seguro de que o que ensinava era realmente o que deveria ser praticado. Logo comecei a pensar em também exercer atividades práticas.

Porém, esse será o conteúdo da próxima carta.

CARTA 2
O que é melhor: a prática ou a teoria?

Vou aqui continuar, ainda, a falar de mim mesmo; sinto muito, mas acreditamos, os três professores autores deste livro, que poderia valer a pena falar de nossas experiências. Afinal, vocês serão nós amanhã; vocês nos sucederão.

Durante o doutorado, sob a orientação do Prof. Sérgio de Iudícibus, fiz estágio nos EUA com uma espécie de bolsa sanduíche e daí minha felicidade: estagiei no departamento de contabilidade gerencial da empresa! Só trabalhava em casos desse campo e com profissionais (todos eles mestres) experimentados. Iniciei um tipo de vida em que não conseguia mais me dedicar apenas à teoria ou apenas à prática. Iniciei na Contabilidade Gerencial (veja meu livro sobre Custos), mas passei à Contabilidade Financeira (veja o *Manual de contabilidade das Sociedades por Ações*) por conta das oportunidades trazidas pela Lei das S.A. em 1976.

Continuei sempre com o espírito e a atividade acadêmica (fui coordenador de pós-graduação, chefe de departamento, diretor da faculdade etc.), mas jamais abandonei o mundo das empresas. Fiz muita consultoria logo no início (comecei firme em 1972), quando me desliguei da dedicação exclusiva à USP porque não acreditava ser meu perfil ficar só na área acadêmica; e nunca parei ao longo da vida essa atividade nas empresas (a não ser durante os tempos em que estive em órgãos públicos). Só voltei ao regime integral da USP quando ela passou a permitir àqueles com determinado currículo que pudessem exercer atividades fora de lá também.

Na Contabilidade Financeira, dediquei-me muito às técnicas de restabelecimento da utilidade da informação contábil em épocas de grande inflação. O Prof. Sérgio começou essa divulgação no Brasil; na verdade, já indo muito além, integrando custo de reposição com extirpação dos efeitos da inflação; e eu acabei me dedicando mais aos ajustes por conta só da inflação.

Tive a oportunidade, inclusive, de conseguir a implantação da Correção Monetária Integral (a ser mais detalhada à frente) para as companhias abertas quando estive pela primeira vez como Diretor na Comissão de Valores Mobiliários (CVM). A implantação deu-se em 1987.

Isso foi possível porque já vinha trabalhando em consultorias e nas implantações desse sistema de correção monetária em muitas empresas. Já havia conseguido, em 1980, a publicação das primeiras demonstrações em Correção Integral na Telepar – companhia telefônica do Paraná à época. Só que o auditor independente, já que não era regra formal, não aceitou dar opinião, e essas demonstrações tiveram que ser inseridas no Relatório da Administração. Apenas em 1984 consegui sua implantação na Vasp (companhia de viação aérea à época), na qual o auditor era o Prof. Ernesto Rubens Gelbcke, então colega da USP, e ele não só aceitou as demonstrações com correção integral ao lado das outras, como emitiu um parecer com novidade mundial. Disse que as demonstrações representavam *melhor* a posição patrimonial e suas mutações.

Para falar ainda de minhas atividades práticas: fui executivo, diretor de controladoria de grande empresa varejista da época, onde procurei ver, na aplicação prática, como se comportavam todas as minhas crenças contábeis, tanto em termos de Contabilidade Gerencial como Financeira. Aliás, conseguimos fazer, em 1994 e 1995, a primeira implantação da Demonstração de Valor Adicionado e da Demonstração dos Fluxos de Caixa no Brasil, muito antes de suas exigências legais. E publicadas!

Dá para ver que também nunca fugi da ousadia.

Por outro lado, nunca deixei de lado a universidade onde sempre dei aulas. Aliás, ainda hoje, em 2020, já aposentado formalmente há 12 anos, continuo lecionando como professor sênior (um tipo de professor voluntário) no mestrado e no doutorado, cujos desafios são sempre grandes. Continuo preparando aulas até hoje em duas faculdades da USP: na FEA de São Paulo e na FEA de Ribeirão Preto.

Fiz toda a carreira acadêmica, passando do doutoramento à livre-docência, depois ao cargo de professor associado e, finalmente, a professor titular.

Além disso, também tive inúmeras atividades administrativas na USP, como já dito: coordenador de pós-graduação, chefe de departamento, diretor da FEA-USP, membro do Conselho Universitário, da Comissão de Orçamento e Patrimônio etc.

Ou seja, sempre estive na USP, tanto na parte da pesquisa, da produção de artigos para congressos e revistas, da elaboração de livros e da ministração e até criação de disciplinas, quanto na parte administrativa.

Estou mencionando esses exemplos exclusivamente porque gostaria, caro(a) aluno(a), que você pensasse muito seriamente no seguinte: acho que a minha maior característica (espero que não seja ruim) foi sempre a de ter conseguido *aliar Teoria da Contabilidade à prática contábil. E, na academia, tanto em docência quanto em pesquisa, em extensão de serviços à comunidade, além da parte administrativa.*

Já deu para ver, por exemplo, que a implantação da Correção Integral no Brasil só ocorreu porque, primeiro, eu havia estudado profundamente tudo o que a literatura acadêmica havia produzido, com a inspiração do Prof. Sérgio de Iudícibus.

Depois, havia conseguido melhorar os modelos existentes quando de sua implantação em casos reais na prática (Telepar, Vasp e depois a Vale); e, finalmente, conseguido, promover a implantação legal via CVM desse modelo que, modéstia à parte, foi o que permitiu que a Contabilidade brasileira permanecesse viva e útil durante os períodos de hiperinflação. E deu tudo certo, tenho certeza, porque aliava teoria à prática, ou o inverso, não sei; estudava sempre a parte da teoria que fosse genuinamente de possível utilidade prática posterior.

Assim, caríssimos(as) alunos(as), se forem para a vida profissional, quer na empresa privada, quer em uma entidade de fins não lucrativos, quer na área pública, jamais deixem de continuar se aprimorando com o que se desenvolve teórica e academicamente na Contabilidade. Não percam, jamais, o espírito investigativo típico do bom ambiente acadêmico.

Ou, se forem se dedicar ao mundo acadêmico, não se fechem ao mundo prático. Por favor, não deixem de conhecer, e muito de perto, o que ocorre na prática, como a Contabilidade se desenvolve no mundo real. Façam estágios, pratiquem consultoria, jamais fujam do mundo prático.

Acho que a junção desses dois mundos, o acadêmico e o prático, é que ajuda fortemente na formação de um genuíno profissional ou de um genuíno acadêmico.

É lógico que sempre haverá algum espaço para quem queira ser puramente acadêmico, mas devem ser exceções. O Prof. Sérgio de Iudícibus é um exemplo dessa exceção: sempre muito mais voltado à teoria.

O que vejo, muitas vezes, hoje, é que o acadêmico puramente teórico talvez só produza *papers* que somente serão lidos por outros acadêmicos, com pouca ou nenhuma utilidade para o mundo real. O profissional puramente prático, sem boa formação teórica/conceitual, também estará sempre reproduzindo o conhecimento obtido e sabendo como cumprir as normas contábeis, mas não como entendê-las e melhorá-las, e terá pouca chance de crescer na estrutura de uma empresa ou outro tipo de entidade. Aliás, sem uma boa formação conceitual, teórica, é inclusive praticamente impossível fazer boas interpretações das normas contábeis brasileiras, hoje iguais às internacionais.

Teoria e prática, sempre juntas, ok?

Nas últimas décadas, praticamente parei de fazer consultorias, passando a elaborar pareceres técnicos contábeis para empresas em função de seus problemas com sócios, com o Fisco, com órgãos reguladores, ou mesmo de suas dificuldades em escolher um caminho para a elaboração das demonstrações financeiras. Tornei-me um consultor que responde agora não mais falando, mas por escrito. Porém, se tenho conseguido algum sucesso, é porque continuo nessa constante obrigação de aliar teoria com prática. Na verdade, teoria com normas contábeis e com prática.

Ah, e essa atividade me alegra muito porque, na maioria das vezes, o que se faz é analisar o problema e pesquisar, pesquisar, a solução. Atividade investigativa muito próxima à vida acadêmica.

Finalmente, tive também diversas passagens por órgãos públicos. No início da década de 1970 fui consultor e professor do Tribunal de Contas do Estado de São Paulo, ajudando aquele órgão a conhecer melhor a Contabilidade Societária, porque até então as sociedades mistas não estavam sob sua responsabilidade. Só fiscalizava os órgãos que praticavam a Contabilidade Pública.

Fui diretor da CVM em duas ocasiões, de 1985 a 1988, e depois novamente por mais um ano e meio, de 2008 a final de 2009 (implantação das Normas Internacionais de Contabilidade). Fui diretor de fiscalização do Banco Central também durante um ano e meio, de 1989 a 1990. E fiz consultorias para órgãos públicos várias vezes, mas sempre na contabilidade empresarial; sou um fracasso em contabilidade pública, admito. Em carta próxima, falarei mais dessas atividades em órgãos públicos.

Ou seja, acabei estando do outro lado do balcão também, nos órgãos reguladores. Que experiência consegui com isso tudo! Porém, sempre, como repetido tanto até aqui, com a preocupação de não deixar a academia, não deixar a pesquisa em Teoria Contábil, e não ficar restrito a isso, procurando saber como isso tudo pode ser efetivamente útil à empresa: ajudando-a a controlar seu patrimônio, a avaliar seu desempenho e a tomar decisões.

E, também, aquela característica de não me amarrar obsessivamente a um plano definido, por mais que os tenha feito na vida, não deixando passar oportunidades que poderiam me ajudar a aprimorar.

E o que eu fiz qualquer um de vocês é capaz de fazer. Na verdade, acho que ainda mais e melhor. Só reflitam, por favor, sobre essa "amarração" entre teoria e prática na Contabilidade.

Continuo até hoje com atividades com esse vínculo, mas deixem-me falar um pouco de novo sobre o passado para mais ainda salientar essa certa obsessão entre prática e teoria.

Tive a felicidade de ser um dos instituidores da FIPECAFI, concebida em 1974 pelo Prof. Antônio Peres Rodrigues Filho, a quem também rendo minhas homenagens. Fundação essa destinada exatamente a permitir a conexão entre a teoria e a prática para os professores de Contabilidade e Atuária da FEA-USP.

Em 1985, então diretor da CVM, instituí uma comissão informal para ajudar aquela autarquia. E quem participava? Representantes da academia, dos contadores, dos auditores e dos analistas de crédito e de investimento. Reparem na junção entre teóricos e práticos. Essa comissão se concretizou melhor em 1989, quando o diretor da CVM, nosso colega Prof. Nelson Carvalho, com o nome de Comissão Consultiva de Normas Contábeis da CVM, a formalizou com a mesma composição.

E, em 2005, também tive a felicidade de participar da criação do atual Comitê de Pronunciamentos Contábeis (CPC). Quem participa? A FIPECAFI representando a academia, o Instituto dos Auditores Independentes do Brasil (Ibracon) representando os auditores, o Conselho Federal de Contabilidade representando os contadores, a Associação Brasileira das Companhias Abertas (Abrasca) representando as companhias abertas e seus contadores, a Associação dos Analistas e Profissionais de Investimento do Mercado de Capitais (Apimec) representando os analistas de mercado e a B3, antiga Bolsa de Valores de São Paulo (Bovespa), estes dois últimos representando também os investidores. Ainda há entidades observadoras, como a CVM, o Banco Central do Brasil (Bacen), a Superintendência de Seguros Privados (Susep), a Confederação Nacional da Indústria (CNI).

Na verdade, eu havia aprendido a cuidar de organismos multirrepresentativos analisando as formações originais tanto do Financial Accounting Standards Board (FASB) quanto do International Accounting Standards Board (IASB) desde 1973. Todos os interessados na Contabilidade juntos, discutindo, disputando posições até, mas todos em condição de igualdade.

Ou seja, teóricos e práticos juntos!

Aliás, percebam que aparentemente nunca criei nada, mas acho que aprendi a juntar conhecimentos e a tentar provocar facilidade maior de transmissão de conhecimento, de produção de normas contábeis, de práticas gerenciais e, acima de tudo, de produção de informações contábeis de qualidade para gestores e usuários externos.

E sempre juntando teoria com prática. Uma não pode viver bem sem a outra.

Tenho aqui apenas uma coisa a reclamar: a academia tem se distanciado exageradamente do mundo prático ultimamente. A obrigação de se obter uma boa avaliação na Coordenação de Aperfeiçoamento de Pessoal de Nível Superior (CAPES) – Ministério da Educação para os cursos de mestrado e doutorado tem feito com que os docentes/pesquisadores se dediquem, exageradamente, à produção de *papers*. E *papers* empíricos, mesmo que com grande utilização de métodos econométricos, são ainda mais fáceis do que *papers* teóricos, conceituais. Quase nada de *papers* conceituais, teóricos, propositivos de novas visões da Contabilidade.

Com isso, a academia vive hoje produzindo centenas de artigos excessivamente voltados a mensurações de fatos observados na prática (como gerenciamento de resultados, modificação provocada por novas normas contábeis, influência da governança corporativa na produção de informações contábeis etc.), o que é importante, mas não é tudo. É de uma importância extrema essa atividade de pesquisa, mas sozinha não ajuda no desenvolvimento da Contabilidade.

Quase nada se produz hoje de análise crítica com sugestões de melhorias para a teoria, para a elaboração das normas e o exercício prático da Contabilidade. Levantam-se problemas, mas não se discutem soluções. Levantam-se dados estatísticos em quantidades enormes, mas pouco efetivamente útil para o desenvolvimento da teoria ou da prática contábeis.

Quase ninguém se dedica a criar ideias novas para a melhoria da qualidade da informação contábil. Ninguém mais se coloca a propor ideias diferentes, critérios de avaliação mais evoluídos, formas de apropriação e de classificação de componentes do balanço, da demonstração do resultado e outras demonstrações contábeis. Aliás, nem discussões conceituais sobre modificações nessas demonstrações quase se veem hoje em dia na produção acadêmica.

Parece que a teoria contábil é muito mais desenvolvida hoje nos órgãos reguladores contábeis do que nos cursos de pós-graduação.

Já falei aqui do exemplo da correção integral. Ninguém mais quer discutir isso. Discussões sobre uso de custos de reposição como as feitas pelo Prof. Sérgio, também não mais. Discussões sobre modelos gerenciais como a Gestão Econômica de Empresas (GECON) do Prof. Armando Catelli também parecem ter se arrefecido. Até os modelos de análise de riscos de falência iniciados no Brasil pelo Prof. Stephen Charles Kanitz e continuados por tantos outros estão na descendente.

Quando o IASB oferece à discussão mudanças nas normas contábeis, a academia quase nunca se pronuncia. Por exemplo, temos a partir de 2020 uma nova estrutura conceitual da Contabilidade, mas quantos acadêmicos participaram da fase de discussão e de sugestões? Ou mesmo quando profundas modificações práticas se dão, como a nova norma sobre arrendamentos e aluguéis vigente a partir de 2019? Onde está a academia a fazer análises conceituais, discussões prévias etc.?

É lógico que muitos artigos surgirão para dimensionar quanto de modificação ocorrerá por conta dessas novas normas, se isso influenciou ou não o valor das ações das companhias abertas no mercado etc. E tudo isso é efetivamente válido, necessário. Longe de nós falar em ser a pesquisa acadêmica atual totalmente irrelevante (ela o é em parte, sim, mas não totalmente). O que reclamamos é da não devoção acadêmica aos aspectos que vinculam a teoria à prática, às novas ideias, às análises de melhorias em prática etc.

Por favor, caro(a) estudante de Contabilidade: novamente, se for ao magistério, não carregue a deformidade de estar longe do mundo real (empresas, governo, entidades sem fins lucrativos, o que lhe interessar); e se for à prática, embora difícil, procure sempre se informar sobre a teoria e seus desenvolvimentos. Além disso, nunca deixe de utilizar essa teoria na prática.

CARTA 3
Vocês sabem quem são os dois inimigos mortais da Contabilidade?

Pois é, não temos um só inimigo que nos é mortal na Contabilidade. Temos dois. Se um já pode nos matar, imaginem então um pelas costas e outro pela frente!

O primeiro inimigo

O primeiro deles é a tal *informalidade*. O ainda excessivo nível de informalidade na economia brasileira (e em outras partes do mundo, mais do que talvez se imagine) é responsável, fortemente, pela má imagem que às vezes se tem da Contabilidade. E por quê?

Ora, se o dono do estabelecimento compra e vende sem nota fiscal e sem pagar os tributos nessas operações, não pode, obviamente, inseri-las na escrituração mercantil. Logo, as demonstrações contábeis que saírem dessa escrituração não representarão a posição patrimonial da entidade (o balanço), muito menos o seu desempenho (demonstrações do resultado, dos fluxos de caixa e da mutação do patrimônio líquido).

Assim, se essas demonstrações não mostram devidamente o patrimônio e suas mutações, para que servirão? Se distribuirmos a terceiros essas demonstrações, estaremos *mentindo* para os usuários externos, quer sejam o fisco, o banco, o investidor que não sabe do que ocorre etc. Temos que ter apenas um sentimento com relação a isso: vergonha! Será também inútil ao próprio gestor e ao proprietário da entidade (quase sempre a mesma pessoa nas micro e pequenas empresas).

Normalmente, nesses casos, o que ocorre é o seguinte: o proprietário só entende o contador ou o escritório de contabilidade que o atende como funcionário do poder público arrecadador que ele, empresário, precisa pagar. Logo, como nos olha quando isso ocorre? Como alguém que o ajuda? Se for ajuda é na sonegação, e isso é papel para nós?

Essa situação faz com que seja comum o empresário olhar de forma raivosa a Contabilidade, porque a entende apenas como uma forma de obrigá-lo a pagar tributos. E essa ojeriza o leva a nem querer ver as demonstrações contábeis, quanto mais pensar em utilizá-las para qualquer fim gerencial.

Essa talvez seja a razão mais forte para uma imagem ruim criada para a figura do contador no passado e que infelizmente ainda perdura em boa parte da nossa sociedade.

Vamos fazer o quê? Ensiná-lo a controlar o "caixa 2"? Vamos fazer demonstrações "não oficiais", juntando os dados contábeis com os desse caixa 2? Que profissão é essa? Além de todos os riscos legais, inclusive criminais, do profissional que assim atua. Aliás, vocês sabiam desses riscos?

No ano anterior ao momento em que escrevo este material, vi pelo menos dois casos de declaração, por parte da Receita Federal, de "contadores inidôneos". A Receita só pode ir até aí, mas os Conselhos Regionais de Contabilidade irão processar esses profissionais e provavelmente tirar-lhes o registro de contador. E tudo ainda será encaminhado à Justiça! Por isso, vocês têm também a disciplina de Ética Profissional (não é só para isso).

Assim, a informalidade do empresário é uma morte para nossa disciplina, para nossa imagem perante a sociedade, para o nosso futuro.

Sabedores disso, muitos empresários acabam escondendo de seus contadores todas essas ações ilegais; mas daí a necessidade de investigarmos se não estamos sendo simplesmente ludibriados. Nossas responsabilidades não diminuem significativamente por causa disso.

Trabalhemos, pois, mas sem participar desse processo.

Volto a repetir: qual o apreço que o empresário pode ter por uma área de conhecimento que só lhe faz gastar dinheiro sem uma geração de valor que compense isso? Do que vale o produtor de informação inútil para fins de administração? E mais, ainda é mentirosa para quem nada tem a ver com isso, como os credores na forma de fornecedores, bancos, os próprios funcionários da empresa etc. Com isso, ajudamos a provavelmente causar prejuízos a esses terceiros, além dos riscos civis e criminais por causa dos problemas com o fisco.

Resumindo: o tal do "caixa 2" é um sério inimigo do efetivo exercício de um profissional qualificado de Contabilidade. Na verdade, um forte empecilho.

O segundo inimigo

Nosso segundo inimigo, já muito mais ardiloso, pouco percebido por tantos de nós, contadores, quando também não de muitos empresários, investidores, credores etc.

Sabem a quem estou me referindo? À *inflação*. Essa é nossa segunda grande inimiga. Pena que a grande maioria de nós, infelizmente, continue na santa ignorância desse risco. Ou talvez seja bom, afinal é comum dizer: "Nada melhor para a paz pessoal do que a santa ignorância."

Primeiro, o que é inflação? Ela é, de maneira simples, definida pelos nossos colegas economistas como o crescimento generalizado nos preços dos bens e serviços da economia, fazendo com que diminua, com o tempo, o poder do nosso rico dinheirinho de comprar esses bens e serviços.

Por exemplo, uma família gasta para viver R$ 5.000,00 por mês. Após um certo tempo, alguns bens e serviços consumidos poderão ter subido 5%, outros 10%, e alguns outros poderão até ter diminuído de preço (isso ocorre apesar de nunca nos lembrarmos disso). Se um ano depois, para manter o mesmo padrão de vida que a família tinha no início, precisar gastar R$ 5.300, isso significa que terá sofrido uma inflação específica (específica para essa família com seu padrão específico de gastos) de 6%. Ou seja, precisa agora desses 6% a mais para não ter que mudar de qualidade de vida. Dessa forma, os R$ 5.000 do início do ano não se comparam em termos efetivos com os R$ 5.300 do final. É como se fossem duas moedas diferentes, apesar do mesmo nome.

O que os economistas fazem é calcular, da melhor maneira possível, não o que ocorre com uma família, mas o que ocorre com o conjunto das famílias brasileiras. E daí calculam não uma inflação específica para cada uma delas, mas uma geral para todo o País, para a média das famílias brasileiras. Assim, a inflação tenta representar uma variação no índice geral de preços junto aos consumidores como um todo.

Dessa forma, quando o Instituto Brasileiro de Geografia e Estatística (IBGE) afirma que a inflação brasileira está em aproximadamente 4% ao ano, significa que o poder de compra médio do brasileiro terá sido alterado e ele precisa de 4% a mais do que antes para manter o mesmo poder de compra geral.

Sabemos, é claro, que esse índice pode não valer especificamente para a sua família, caro(a) aluno(a), e provavelmente não valerá porque os consumos sempre serão diferentes de família para família. Porém, é um indicativo de que o Real, nossa boa moeda há 25 anos, não tem o mesmo poder de compra que tinha quando foi adotado. E que o poder de compra dessa moeda vai se alterando gradativamente com o tempo. Por exemplo, *R$ 1.000* em meados de 1994, quando da implantação dessa moeda, valeriam, em termos gerais, em final de 2019, *R$ 1.615*, ou seja, 515% acumulados de inflação desde que ela foi "domada" (até parece...).

Vamos agora a um exemplo simplicíssimo: você faz aplicação de R$ 100.000 durante um ano, à taxa de 7% ao ano. Terá, assim, R$ 107.000 ao final. Paga 15% de imposto de renda sobre o ganho de R$ 7.000, ou seja, R$ 1.050, e fica com o líquido de R$ 5.950. Quanto terá ganho? Antes disso, vejamos as demonstrações dessa operação, a valores nominais como se pratica hoje no Brasil e na forte maioria dos países, apesar de a inflação existir por todo lugar, considerando que os rendimentos tenham sido recebidos em dinheiro e o imposto tenha sido pago:

| Aplicação financeira | R$ 100.000 | Capital | R$ 100.000 |

Resultado

Receita financeira	R$ 7.000
I. Renda (15%)	– R$ 1.050
Lucro líquido	R$ 5.950

Balanço final

Caixa	R$ 5.950	Capital	R$ 100.000
Aplicação financeira	R$ 100.000	Lucro	R$ 5.950
	R$ 105.950		R$ 105.950

Nominalmente, e contabilmente, você terá um capital inicial de R$ 100.000 e um lucro líquido de R$ 5.950. Retorno de 5,95% no ano. Correto? Acho que não, isso é falso. Só seria verdadeiro falar em uma taxa de retorno dessa em duas hipóteses:

1. se não existisse, absolutamente, inflação durante esse ano e, na média, você comprasse, no final do ano, com R$ 100.000, a mesma quantidade de bens e serviços gerais do mercado que comprou no início; ou
2. você fosse ingênuo e acreditasse em lucro nominal. Sim, porque essa taxa representa, de verdade, a taxa de retorno *nominal*, não a verdadeira.

Todavia, você não é um ingênuo e quer sempre a Contabilidade melhorando sua vida, quer entender o que acontece com você, mesmo para explicar melhor ao seu cliente, ou ao seu empregador, ou aos seus sócios, seus empregados, a realidade da vida etc. Quer de fato explicar o que *realmente* está acontecendo e não *aparentemente* acontecendo.

Imagine que você tenha a informação de que o Índice de Preços ao Consumidor Amplo (IPCA) do IBGE, que é uma espécie de índice de inflação oficial no Brasil, foi de 4% durante este ano. Isso significará que, você, na verdade, precisaria ter R$ 104.000 no final do ano para ter o mesmo poder aquisitivo que tinha um ano antes com o seu capital de R$ 100.000.

Quanto de fato tem? R$ 105.950. Qual o verdadeiro crescimento da sua riqueza? R$ 5.950? Ora, se você tem, de fato, R$ 105.950 ao final do ano, significa que seu lucro líquido real terá sido de apenas R$ 1.950, ou seja, o que cresceu sua riqueza mais do que a inflação! É como se você tivesse dois cofres para guardar dinheiro. Quando você aceita tudo nominalmente, é como se, quando recebe de volta a aplicação mais o rendimento bruto, no valor total nominal de R$ 107.000, colocasse no cofre do lucro R$ 7.000 de lucro nominal antes do imposto, e no cofre do capital, R$ 100.000. Tiraria o imposto de renda do cofre do lucro que ficaria com R$ 5.950.

Só que agora precisa fazer algo mais inteligente e pensar: os primeiros R$ 4.000 de crescimento nominal da riqueza foram, na verdade, para manter o genuíno capital inicial para poder de compra do final do ano, e não um lucro. O certo então é primeiro transferir R$ 4.000 do cofre do lucro nominal para o de capital, a fim de que neste fiquem R$ 104.000 de capital que correspondem, efetivamente, ao que se tinha antes. E sobrará, na caixa do lucro, agora não mais um lucro nominal, mas um lucro efetivo, "real", de R$ 1.950. Esse é o verdadeiro crescimento líquido do seu patrimônio após o imposto lhe tirar um bom pedaço, que não é de fato 15% como aparenta ser.

Colocando agora tudo em termos contábeis, chegaremos às seguintes demonstrações (note que a aplicação financeira está no balanço final, já em moeda da data desse balanço, bem como o caixa, mas o capital precisa ser corrigido desde quando criado):

Balanço final considerando a inflação

Caixa	R$ 5.950	Capital corrigido	R$ 104.000
Aplicação financeira	R$ 100.000	Lucro	R$ 1.950
	R$ 105.950		R$ 105.950

Resultado considerando a inflação

Receita financeira nominal	R$ 7.000
(−) Efeito da inflação sobre a aplicação financeira	− R$ 4.000
Receita financeira real	**R$ 3.000**
I. Renda (15%)	− R$ 1.050
Lucro líquido	**R$ 1.950**

(O imposto de renda continua o mesmo porque, para pagá-lo, é totalmente vedado considerar o efeito da inflação!)

Qual terá sido sua genuína taxa de retorno? Quanto, em termos reais, cresceu sua riqueza? Não vá dizer que é 1,95%, porque o que ocorreu foi o seguinte: sua riqueza real, em dinheiro de capacidade de aquisição de final de ano, cresceu, de fato, de R$ 104.000 para R$ 105.950. Logo, sua taxa genuína de crescimento terá sido de R$ 1.950/R$ 104.000 = 1,875%!

Quanta ilusão quando produzimos informações puramente nominais em um mundo que tem inflação, mesmo que muito pequena. A inflação nos engana, é uma inimiga um tanto quanto invisível a curto prazo e que, à medida que passa o tempo, nos faz entender de forma errada e, de certa forma, desculpem-me a dureza das palavras, a mentir para os usuários das informações que produzimos.

Só que a Contabilidade se pratica hoje no mundo, a não ser onde a economia seja hiperinflacionária (algo parecido com 100% acumulados em 3 anos consecutivos), lamentavelmente, com tudo a valores nominais. Assim, somamos R$ 1,00 investido em um imóvel há 20 anos com outro R$ 1,00 investido em um outro imóvel hoje e dizemos que investimos um total de R$ 2,00. Insanidade.

Horrível, não? Apuramos o patrimônio contábil como se todos os ativos e passivos estivessem na mesma moeda. Esta pode até ter o mesmo nome, Real, mas representa, na essência, moedas diferentes.

E o triste é que, tirando os países hiperinflacionários (em 2020, a Argentina, a Venezuela, a Síria e outros), o mundo todo trabalha com base exclusivamente nas moedas nominais. Assim, nos EUA, na Alemanha, na Suíça, no Chile, na China, no Japão etc. todos estão vendo demonstrações contábeis como se não existisse inflação. Fechamos os olhos e pronto. Tudo bem, lá a inflação é baixíssima, mas se nos acostumamos a não tratar a inflação convenientemente, é provável nos esquecermos disso também quando ela for maior.

É interessante que os sindicatos se lembrem, fortemente, e com justiça, de procurar defender os empregados para que os dissídios salariais no mínimo recomponham o poder de compra e tentem, é claro, obter ainda algum ganho real. Contudo, quando analisam as demonstrações das empresas que empregam seus assistidos, não percebem que pode haver uma senhora deformação nesses resultados.

É interessante que no Ministério da Fazenda, principalmente na Receita Federal do Brasil, ocorra algo muito diferente: normalmente, quando se refere a aumento ou redução da arrecadação de tributos do governo federal, só se refere a variações *reais*, e não nominais. Vejam as notícias dadas por esse órgão em que sempre costuma aparecer "crescimento real", "descontados os efeitos da inflação" etc.

Bem, mas muitos de vocês vão pensar: "Professor, nunca aprendemos isso na escola." E eu vou lhes afirmar: então cobrem de seus professores. Procurem conteúdo a respeito da matéria, como um velho livro *Aprendendo contabilidade em moeda constante* e outros.

Vocês têm razão: os conteúdos que trabalhavam essa matéria no Brasil estão desparecendo. Exceto duas ou três escolas (digamos que dez), talvez as demais nem toquem mais no assunto no Brasil, como se o fato de termos nossa inflação abaixo de 4% ao ano fosse o suficiente para que o nominal se transformasse em real.

Culpa dos professores, dos órgãos de classe, dos profissionais apressados que mais se preocupam em vomitar os relatórios do que em analisá-los e, incrível, culpa até dos próprios empresários. Estes últimos têm tantas preocupações, tantos tributos, tanta legislação anárquica neste país, tanta dúvida quanto a tanta coisa que não param para pensar nesse problema. Acreditam que seu desempenho nominal representa a realidade efetiva. E, pior, nós não os alertamos para isso!

Vamos agora tocar em um raciocínio mais complexo. Se você estiver achando que basta tirar o percentual da inflação sobre o capital inicial (patrimônio líquido inicial) do lucro nominal para chegar lá, cuidado. Isso funcionou no nosso exemplo, mas só dá certo quando os ativos são todos financeiros, monetários, e essa não é a realidade.

Quando existem ativos de longa duração (os estoques têm também esse problema, mas vamos deixar esse ponto de lado), como os imobilizados, os intangíveis, o mundo pode virar de cabeça para baixo. E o raciocínio que seguimos antes pode ser totalmente insuficiente. Por isso, não vá aplicando esta metodologia automaticamente porque não dará certo.

Contudo, isso é o que veremos na próxima carta.

CARTA 4
Dominando melhor o segundo inimigo mortal da Contabilidade

Sei que talvez seja chato ler matéria técnica em um livro em que deveriam aparecer apenas mensagens, sugestões, conselhos etc.

Só que o que aqui pretendemos, na realidade, é exatamente isso: aconselhar você, estudante de Contabilidade, a "pensar um pouco fora da caixinha". Usar o raciocínio, o julgamento, o bom senso, não apenas as regrinhas aprendidas normalmente nos cursos de graduação.

Vimos na carta anterior que parece ser muito simples analisar os efeitos da inflação sobre o balanço e sobre o lucro porque era o caso mais simples: o exemplo de um caso em que o ativo era praticamente só dinheiro ou aplicação financeira, e não havia dívida, ao lado de uma inflação, pequena, mas existente.

Vamos a um exemplo um pouco mais complexo: a empresa tem apenas um ativo imobilizado (não depreciável para facilitar) e uma bela dívida. Faça de conta que é um terreno para alugar para alguém que vai explorar estacionamento. Você compra o terreno por R$ 100.000, pagando R$ 30.000 com recursos próprios e R$ 70.000 são financiados a 8% ao ano, a perder de vista. Então, aluga o terreno para estacionamento por R$ 6.000 ao ano, ou seja, 6% sobre o investimento total.

Loucura, não? Pegou dinheiro a 8% e aplicou em um ativo que rende 6%. Não vai dar certo, vai?

Balanço inicial

Caixa	R$	–	Dívida	R$	70.000
Terrenos	R$	100.000	Capital	R$	30.000
	R$	100.000		R$	100.000

Após um ano, depois de receber o aluguel e pagar os juros da dívida e estimando o imposto de renda em 34%, teremos (confira as contas!):

Resultado

Receita de aluguel	R$	6.000
Despesas de juros	– R$	5.600
Lucro antes do IR	R$	400
IR	– R$	136
Lucro líquido	R$	264

Balanço final

Caixas	R$	264	Dívida	R$	70.000
Terrenos	R$	100.000	Capital	R$	30.000
			Lucro	R$	264
	R$	100.264		R$	100.264

Você pagou os juros, mas há que começar a amortizar a dívida, porém, sobram-lhe no caixa R$ 264 apenas. Além disso, não é nada animador dar-se conta de que teve lucro líquido de R$ 264 sobre um investimento de R$ 30.000 (patrimônio líquido inicial). Muito baixo o rendimento. Apenas 0,88% em um ano. Que enrascada! Endividado e sem rendimento.

Você fica desesperado e consulta um profissional gabaritado, seu vizinho muito experiente, que começa a mostrar: "Veja, você começou bastante endividado (R$ 70.000), só com um imobilizado no ativo (R$ 100.000) e capital próprio pequeno (R$ 30.000). Hoje você tem fisicamente o mesmo imobilizado mais R$ 264 no caixa, e a mesma dívida original nominal de R$ 70.000.

Talvez você esteja se esquecendo do seguinte: o imobilizado, fisicamente, é o mesmo, mas continua registrado pelo valor pago há um ano. E houve inflação de 4% durante esse período. Logo, o verdadeiro valor do que pagou pelo imóvel, em moeda de poder de compra do final do ano, é R$ 104.000, não R$ 100.000. Todavia, seu balanço não está mostrando isso."

E seu vizinho diz ainda: "Vamos raciocinar e pensar contabilmente com toda a calma. Se você refizesse seu balanço do final do ano em Reais de poder de compra do fim de ano, seu ativo deveria aparecer por R$ 104.264

(*R$ 104.000 do valor corrigido do imobilizado* e mais o caixa, este já em poder de compra na data do balanço final).

Só que a sua dívida de R$ 70.000, apesar de estar lá há um ano, está escriturada e, de fato, vale, na moeda de poder de compra do final do ano, R$ 70.000! Ela está atualizadíssima e você pagou os juros. Na verdade, sua dívida diminuiu em termos reais."

Assim, se você refizer o balanço do final do ano considerando a inflação, terá:

Ativo menos passivo = patrimônio líquido

Patrimônio líquido final, totalmente em moeda dessa data final =

R$ 104.264 – R$ 70.000 = R$ 34.264!

Porém, seu balanço contábil tradicional, inclusive legal, é mentiroso porque não considera a inflação, mostra um patrimônio líquido de apenas R$ 30.264.

Agora vamos lá, você começou com um patrimônio líquido de R$ 30.000 e, 4% de inflação depois, deveria ter R$ 31.200 para possuir a mesma riqueza líquida que antes. Como tem R$ 34.264 em moeda atualizada, *sua riqueza cresceu R$ 3.064 (R$ 34.264 – R$ 31.200) e não apenas R$ 264.*

Seu balanço, mais realista, considerando a moeda como representando o efetivo poder de compra do final do ano, será:

Balanço final considerando a inflação

Caixa	R$	264	Dívida	R$	70.000
Terrenos corrigidos	R$	104.000	Capital corrigido	R$	31.200
			Lucro	R$	3.064
	R$	104.264		R$	104.264

Agora, é óbvio, você deve estar confuso. Antes de continuar, releia esta carta desde o início e tenha a certeza de que, até aqui, entendeu as contas; afinal, você é quase um contador. E procure responder: como é possível dizer que meu lucro é de R$ 3.064 se só tenho dinheiro em caixa de R$ 264? Que loucura é essa? Lucro, no longo prazo, não é obrigatoriamente dinheiro?

A resposta não está tão à vista assim; está no seguinte raciocínio: veja o seu passivo; ele está em R$ 70.000, começou com R$ 70.000, recebeu o acréscimo dos juros de 8% e passou temporariamente a R$ 75.600. Aí pagou-se o juro de R$ 5.600 e a dívida voltou a R$ 70.000. Ora, pensemos juntos: seria necessário que a dívida, para se manter exatamente a mesma em termos econômicos de mesmo poder de compra, fosse, ao final do ano, de R$ 72.800 (4% de inflação). Como está em R$ 70.000, isso significa que ela é, em termos reais, R$ 2.800 menor do que quando começou.

E por que a dívida abaixou? Abaixou porque, quando você pagou o juro de R$ 5.600 e diminuiu sua dívida de R$ 75.600 (original mais juros) para R$ 70.000, o que você baixou a mais do que R$ 72.800, na verdade, é uma *redução do valor real da dívida*, uma amortização de R$ 2.800. Ao pagar R$ 5.600, os primeiros R$ 2.800 foram, na verdade, uma amortização da dívida efetiva e apenas os R$ 2.800 foram, de fato, juros em termos reais.

Para entender melhor, coloque-se no lado de quem *emprestou o dinheiro*.

Você acaba de emprestar R$ 70.000 a juros de 8% ao ano a alguém. Quando recebe os juros, no final do ano, de R$ 5.600, o que você pensará em termos reais? "Bem, eu deveria ter R$ 72.800 a receber para ter o mesmo ativo que antes, já que a inflação foi de 4%. Porém, antes de receber o juro, meu recebível (valor emprestado mais juros) é de R$ 75.600. Logo, meu ativo cresceu, em termos efetivos, apenas R$ 2.800, não R$ 5.600." Ou seja, os primeiros R$ 2.800 que você recebe são, na verdade, um restabelecimento do valor real do seu empréstimo.

Logo, a receita financeira nominal de R$ 5.600 embute uma amortização do empréstimo dado de R$ 2.800, que faz com que a receita financeira nominal seja uma mentira contábil. A receita de juro efetivo é, em termos econômicos e reais, de R$ 2.800. Assim, seu lucro efetivo, antes do imposto, é de R$ 2.800.

Ora, o que é a receita financeira efetiva de R$ 2.800 de quem dá o dinheiro emprestado? É a despesa financeira efetiva de quem tomou o dinheiro emprestado. Assim, a contabilidade do proprietário do imóvel, ao registrar uma receita real de aluguel de R$ 6.000 (este valor é correto, dinheiro *recebido no final do ano* e que significa mesmo R$ 6.000 em moeda desse fim de período, suponhamos), e ao registrar uma despesa financeira de R$ 5.600, que não é real e sim nominal, faz aparecer um divórcio entre diminuendo e subtraendo (lembram-se disso? Acabo de me lembrar). O correto é você dizer que tem uma receita real de R$ 6.000 e uma despesa financeira real de R$ 2.800. Assim, seu lucro, antes do imposto, é de R$ 3.200; diminuindo o imposto de renda de R$ 136, você tem a explicação do lucro líquido de R$ 3.064!

Resultado considerando a inflação

Receita de aluguel			R$	6.000
Despesas de juros	- R$	5.600		
(–) Despesa que é amortização	- R$	2.800		
Despesa real de juros			- R$	2.800
Lucro antes do IR			R$	3.200
IR			- R$	136
Lucro líquido			**R$**	**3.064**

E como o caixa é só de R$ 264? Ora, basta lembrar que você, quando pagou o juro nominal de R$ 5.600, na verdade, utilizou dinheiro de R$ 2.800 desse montante para amortizar a dívida. E amortização da dívida não é, de fato, despesa. Assim, você recebeu R$ 6.000 do aluguel, pagou juro efetivo de R$ 2.800, sobrando, por enquanto, R$ 3.200 no seu caixa; amortizou a dívida em R$ 2.800, sobrando R$ 400, e pagou o imposto de R$ 136, sobrando R$ 264.

Logo, considerando os efeitos da inflação, seu lucro terá sido, de fato, pelo visto até agora, de R$ 3.064. Só não há dinheiro porque a dívida foi amortizada em R$ 2.800!

Aqui, para sofisticar, é importante lembrar que o mais correto não seria, ainda, mostrar um lucro líquido de R$ 3.064. E isso porque, se vender o imóvel, mesmo que seja por R$ 104.000, pagará imposto sobre esses R$ 4.000 de acréscimo nominal (reparou, pagamos imposto sobre lucro fictício); ou seja, pagará 34% sobre isso, ou seja, R$ 1.360. É o que chamamos de Imposto de Renda Diferido, a pagar apenas, nesse caso, quando vender o ativo imobilizado. Se não for vender o imóvel, essa dívida será tão a longo prazo que poderíamos, nesta versão tão simples do exemplo, deixá-la de lado.

Desconsiderando, pelo menos por simplificação, o tal imposto de renda diferido, podemos reanalisar toda a situação.

Calculemos agora a rentabilidade real: sua taxa de retorno sobre o capital aplicado é R$ 3.064 sobre o capital corrigido de R$ 31.200, ou seja, *9,8%* em termos reais e não o que parecia ser, meros *0,88%*.

Quer uma análise mais sofisticada?

O ativo produziu R$ 6.000 de arrendamento, em moeda final, e nele foi investido o valor de R$ 100.000 no início; corrigindo esse valor inicial, temos que a taxa real de retorno do ativo foi de R$ 6.000/R$ 104.000 = 5,77% no ano (antes dos impostos).

E quanto foi o custo real da dívida? Os juros reais foram de R$ 2.800, que, sobre a dívida inicial atualizada, correspondem a uma taxa de R$ 2.800/R$ 72.800 = 3,84% no ano. Que diferença com o juro nominal de 8%, correto?

Logo, a dívida é boa porque custa menos economicamente do que rende o ativo financiado (desde que o prazo da amortização dessa dívida esteja nessa capacidade do ativo de gerar dinheiro).

Ah, ponto importante: em uma contabilidade que vença a inimiga inflação, o terreno apareceria, ao final do primeiro ano, com o custo corrigido de R$ 104.000. *Isso não quer dizer que ele valha R$ 104.000 se for vendido*; R$ 104.000 é o *custo de aquisição corrigido monetariamente*. Se você o vender por R$ 105.000, estará, genuinamente, ganhando R$ 1.000; se vender por R$ 103.500, estará perdendo R$ 500. Contudo, se não corrigir nada, apurará belos lucros, R$ 5.000 ou R$ 3.500, e pagará imposto sobre isso. Horrível, correto?

Veja outra coisa interessante: se fôssemos avaliar esse imobilizado pelo seu valor justo, e isso fosse possível fazer, teríamos na Contabilidade tradicional tudo a valores nominais: o ganho por valor justo na manutenção do imobilizado seria de R$ 5.000 ou R$ 3.500, conforme o valor justo desse imobilizado. Todavia, considerando a inflação, compararíamos o valor justo (R$ 105.000 ou R$ 103.500) com o valor de custo de aquisição devidamente corrigido (R$ 104.000). O ganho de valor justo seria de apenas R$ 1.000 na primeira hipótese, e teríamos um prejuízo de R$ 500 no segundo. Neste último caso, o valor de mercado teria sido inferior à inflação. Logo, o que seria mais correto contabilmente se fôssemos considerar a inflação? Ganho de R$ 3.500 ou prejuízo de R$ 500.

A inflação, mesmo baixíssima de 4% ao ano, provocou uma fantástica deformação no balanço e no resultado, e ainda uma ilusão financeira!

É ou não é a inflação um terrível e poderoso inimigo da Contabilidade?

Só que com esse inimigo temos armas para nos defender. Nossos exemplos foram muito simples; a tarefa efetiva não é tão simples assim, mas podemos, sim, ter uma visão realista muito maior sobre o patrimônio, suas mutações e sua rentabilidade.

Repare que, ao trabalharmos com Contabilidade corrigida pela inflação, estamos passando ao domínio de uma Contabilidade genuinamente vinculada à Economia, aos conceitos econômicos de valores reais. Isso exige esforço, mas agrega muito mais valor e informação do que a Contabilidade a valores nominais que tanto engana.

Todavia, repetindo, a inflação é uma inimiga da Contabilidade, mas temos armas já superdesenvolvidas para vencê-la.

Já a informalidade, conforme comentado na carta anterior, é um inimigo muito pior, porque contra ela não há remédio contábil, a não ser na total ilegalidade.

A legislação brasileira, bem como a normatização contábil internacional, carrega esse mal terrível por desconsiderar olimpicamente os efeitos da inflação. Há até livro de Prêmio Nobel de Economia, Aklerof e Shiller, *Animal Spirits*, comentando sobre isso.

No entanto, nós, brasileiros, que aprendemos como ninguém no mundo a trabalhar com ótima Contabilidade na inflação, temos deixado de lado, nos últimos anos, esse conhecimento e essa capacidade de efetivamente explicar muito melhor o genuíno desenvolvimento de um patrimônio.

Bem, sabemos que esta carta foi muito densa. Vamos parar então por aqui, mas lembrando que o campo é ainda muito extenso; não tratamos, por exemplo, de compra e venda de mercadorias durante a inflação, vendas a prazo ou à vista com juros nominais altos, as denominadas "perdas no caixa" quando se fica com dinheiro parado durante um certo tempo com inflação etc.

Pense, além disso, em um caso assim: a inflação está a 4% ao ano, alguém vende o que tem para aplicar R$ 1.000.000 no mercado financeiro ganhando, líquido dos tributos, 6% ao ano. No ano, R$ 60.000, ou R$ 5.000 por mês. Vive até que razoavelmente bem com esse dinheiro, gastando-o todo mês. O que ocorrerá com essa pessoa, gastando assim, nominalmente até o final do décimo ano? Seu gasto de R$ 5.000 por mês corresponderá, dez anos depois, com essa inflação, a R$ 7.400,00. Porém, só estará recebendo R$ 5.000. Obviamente, ou terá reduzido seu padrão de vida de maneira significativa, ou vai consumir o capital. Se sobreviver antes que acabe o capital, tudo bem... Aprendamos a pensar sempre com moeda em poder de compra constante e aprendamos a reanalisar os balanços que são elaborados como se a moeda nunca sofresse processo inflacionário.

Relembrando: temos duas fortes inimigas da Contabilidade: a informalidade ("caixa 2") e a inflação. Dispostos a vencê-las? Então, fujamos da empresa informal que não queira se redimir e aprendamos a dominar a Contabilidade em moeda constante.

CARTA 5
Como nasceu a Contabilidade?

Os achados históricos de registros de contas são anteriores ao nascimento da escrita, sabiam? O homem, antes de escrever, registrava números para representarem principalmente estoques de rebanhos. Cerca de meia dúzia de milhares de anos atrás.

Com o decorrer do tempo, registros de controles de estoques de animais, de pessoas em um exército, armas, valores a receber, valores a pagar etc. foram se criando, mas à base das partidas simples.

Aliás, vocês sabem o que são partidas simples? Lembro-me, na infância, de ver o dono de uma "venda" (pequeno supermercado hoje) fazer o que só depois, na faculdade, entendi o que era. Em uma folha, controlava entrada e saída de caixa e conferia com o saldo físico no final do dia. Em um caderno, anotava, em uma folha para cada cliente, o que tinha vendido a receber. E, em um espeto de papéis em cima do balcão, colocava as contas a pagar por ordem de vencimento. Os estoques, obviamente, eram controlados "no olhômetro".

Nada de débito e crédito, partidas dobradas. Registros simples diretamente em papel e só das contas que precisavam realmente controle burocrático: caixa, contas a receber e contas a pagar. Isso é o que se chama de registro por partidas simples.

Pelo que tudo indica, a Contabilidade como a conhecemos hoje, por partidas dobradas, nasceu há aproximadamente mil anos. Só aí apareceram essas partidas dobradas, o diário, a razão, o balanço e a apuração do resultado.

Veio de onde? Pelo jeito, ninguém sabe. Teriam sido os fenícios, os egípcios ou os chineses? O que sabemos com mais certeza é que se desenvolveu, no mundo ocidental, na Idade Média, no que hoje é a Itália, principalmente Florença e Veneza.

E quem criou essa Contabilidade com partidas dobradas? Pelo que tudo indica, o fluxo de caixa que obviamente existia havia muito mais tempo não era suficiente para se efetuar o controle do patrimônio como um todo e também não servia para medir o lucro. Misturar desembolsos com despesas de pagamentos a fornecedores e com compra de móveis não mostrava o desempenho.

Precisava-se de algo que produzisse o controle patrimonial e que também mensurasse o desempenho da evolução desse patrimônio. E aí criaram, provavelmente os comerciantes, o regime dual de débito e crédito e o Regime de Competência.

Dizem alguns que teriam sido os banqueiros os primeiros a utilizar o método, e o que os termos *débito* e *crédito* teriam derivado de dever e haver.

O que importa, principalmente porque começamos a aprender Contabilidade utilizando empresa comercial ou de prestação de serviços, e a primeira já se obriga ao Regime de Competência, é que vamos supor que tudo tenha começado como descrito a seguir.

O comerciante sabe que, no frigir dos ovos, lucro é o que sobra de caixa. Todavia, os fluxos de pagamento e recebimento não conversam sempre, em termos temporais, com a sensação do surgimento do lucro. Vamos admitir que, àquela época, só houvesse compra e venda à vista, a compra da mercadoria e seu respectivo pagamento podem ocorrer em fevereiro, mas a venda e o recebimento apenas em abril.

Para uma mensuração de desempenho sofisticada, feita mensalmente, não se pode lançar a despesa em fevereiro e a receita em abril. É preciso "diferir" o pagamento pela compra e só reconhecer a despesa na forma de custo da mercadoria vendida em abril, correto? Para isso, a salvação é a conta de estoque, que recebe a contrapartida e dela se dá baixa posteriormente. *E assim foi criado o Regime de Competência com o uso de ativos e de passivos.*

O caixa de um mês tem pagamentos de mercadorias vendidas no mês, de mercadorias não vendidas e talvez até de mercadoria que ainda nem foi adquirida (adiantamento pelos clientes). Logo, para a apuração do lucro foi-se criando esse mecanismo da Competência que vai resolvendo o problema do casamento entre receitas e despesas, mesmo quando os respectivos recebimentos e pagamentos acontecem em épocas diferenciadas.

Antes disso, o que é mesmo o lucro? Na verdade, é sempre o que se tem a mais do que quando se começou em uma certa data. Como se dizia romântica e bucolicamente no passado: são os frutos que se extrai do pomar desde que o pomar continue com a mesma capacidade de produção que antes.

A forma mais singela, simplória e correta de se pensar em lucro é pensar-se em acréscimo de dinheiro. É lógico que você pode prestar um serviço e não receber dinheiro, e sim um automóvel ou uma bicicleta, mas a mensuração do lucro será feita como se você tivesse recebido o dinheiro e com ele comprado esse ativo.

Em outra carta, esse vínculo entre lucro e caixa será mais bem explorado.

Mais um minuto de sua atenção. Vamos pensar o seguinte: originariamente, não havia qualquer norma sobre Contabilidade, qualquer lei, qualquer exigência do imposto de renda (que não existia), qualquer professor querendo que se fizesse assim ou assado.

Os comerciantes tinham a mais absoluta liberdade para fazer a Contabilidade como bem quisessem. O único fator importante é que precisavam ter informações que os deixassem razoavelmente seguros de que seu patrimônio estava sendo computado e controlado e de quanto estava sendo seu resultado.

Hoje sabemos que devemos reconhecer o lucro no momento da venda e transferência da mercadoria ao cliente, mas terá sido isso sempre assim?

Imaginemos o comerciante que viajou a uma cidade onde se produzem excelentes roupas e comprou um lote delas. Esse lote é de muito boa qualidade, a um preço muito bom e ele considera que será uma sensação da moda na estação seguinte. Já dá a compra, em si, uma sensação de lucro sendo obtido ou não? Não terá já iniciado o processo de se ter lucro? Um pedaço do lucro que virará caixa no futuro não se deverá à habilidade na compra (às vezes é a parte mais importante, certo?).

Poderia ele registrar o estoque pelo pagamento feito e, imediatamente após, ajustar esse valor de custo ao valor pelo qual considera conseguir vender a mercadoria e assim já registrar o lucro? E quem disse que alguém não poderia ter feito isso? (Muito mais à frente, isso passou a ser feito com a produção do ouro, como será visto adiante: lucro reconhecido no momento da produção e não da venda.)

Seria isso prudente? Não seria um lucro reconhecido com um nível de risco muito grande? E se fosse assaltado antes de chegar à sua loja? E se sua sensação de sucesso não se materializasse?

E se a comerciante fosse mulher e o marido visse o lucro e quisesse começar a gastar por conta?

Bem, talvez exatamente por prudência, tenha o comerciante preferido deixar o estoque pelo que provocou de desembolso (ao "custo", como falamos atualmente), como se estivesse guardando a informação de quanto saiu de caixa para depois confrontar com o caixa recebido pela venda e então apurar o lucro. Provavelmente tenha sido esse o comportamento dele.

O Frei Luca Pacioli, que descreveu em 1494 como se praticava a Contabilidade (não foi ele quem inventou, foi quem descreveu), já falava nesse reconhecimento do lucro apenas quando da venda.

Agora, passada a primeira tentação de reconhecer o lucro no dia da compra, não estaria o comerciante sentindo uma sensação maior ainda de lucro quando conseguisse chegar incólume à sua loja? E depois de ver suas filhas arrumando a mercadoria nas prateleiras, não estaria ainda se sentindo melhor? Até que finalmente vende e recebe o dinheiro. Tudo bem.

Reparem que a decisão de reconhecer a receita de venda e a despesa com a mercadoria vendida apenas no ato da venda e entrega da mercadoria, e ainda no exemplo com o recebimento do dinheiro nesse momento, é uma espécie de exercício de contenção de vontade de já dar o lucro por efetivamente ganho bem antes.

Por razão puramente comportamental, sem que qualquer regra obrigasse a isso, parece que os comerciantes acabaram por preferir agir assim e esperar pacientemente que se *completasse o ciclo todo* para reconhecer o lucro. E, não o reconhecendo pelas diversas fases, por que fazer uma atribuição do valor do lucro final a cada uma das fases seria um trabalho exaustivo, com muitas hipóteses assumidas (quanto reconhecer pela compra, pelo transporte, pela exposição da mercadoria etc.)? Os lucros dessas fases não seriam muito arbitrários?

Notem, repetimos, que um aspecto comportamental levou a reconhecer o resultado apenas depois que o comerciante cumpriu com todos os seus esforços e desempenho para ganhar o lucro. Ele passou a ser registrado apenas quando completado o ciclo, como já dito, quando satisfeitas todas as etapas e quando cumpridas todas as fases que exigiam desempenho e esforço por parte do comerciante.

Imaginem agora quando, pela primeira vez, um cliente pede para comprar e pagar apenas dois meses depois? Um casamento inesperado, por exemplo, antes que o cliente vendesse sua safra agrícola, e está ele a pedir agora crédito ao comerciante. E este põe-se a pensar: se vender, corro risco de não receber; se não vender, corro risco de perder o cliente para um concorrente.

Depois de muito maquinar e procurar saber sobre a situação financeira do cliente, negocia um pequeno acréscimo para compensar o tempo (e o risco, mas ele não vai dizer isso ao cliente...) e entrega então os produtos, não deixando de pedir uma nota promissória, talvez assinada também pela mulher do cliente etc.

Porém, depois, começa a pensar: reconheço a receita de venda e o valor a receber, e já apuro o lucro? E se não receber? E se conseguir receber só uma parte da venda? Coração palpitando e os livros contábeis esperando para serem preenchidos...

Costumo perguntar em sala de aula: o que acham, alunos(as)? Se vocês fossem o comerciante/contador, e sem serem obrigados a fazer isso ou aquilo, reconheceriam ou não o lucro? Contabilidade democrática, não? Sabe o que costuma ocorrer? A maioria diz que não reconheceria; estranho, não? Ou o tradicional "conservadorismo" do contador?

Existiriam diversas formas de se fazer isso, ou seja, de não se reconhecer de imediato o lucro, apesar de serem obrigatórios os registros da venda e da conta a receber. Por exemplo, baixa-se o custo do estoque entregue, reconhece-se o direito a receber e a diferença pode ficar em uma conta de "lucro a apropriar"; esta poderia ficar no passivo, esperando ser transferida para o resultado quando do efetivo recebimento – como se faz na contabilidade fiscal da atividade imobiliária hoje, não na contabilidade societária. Ou poderia a conta de "lucro a apropriar" ficar no ativo com sinal negativo, reduzindo a "contas a receber".

Neste último caso, o total do ativo não mudaria: trocar-se-iam os estoques por duas contas que, deduzindo-se uma da outra, produzem o mesmo valor baixado desses estoques, só que agora como valores a receber. É como se essas duas contas juntas, uma a receber e a outra reduzindo seu valor por lucro a realizar, representassem "custo a recuperar", só o custo. E quando do recebimento, a conta retificadora iria para o resultado e então, tudo bem, lucro reconhecido. Uma complicação poderia ser introduzida. (E como sabemos fazer isso!) Em vez de uma conta retificadora, duas: "receita de venda a realizar" e "custo de mercadoria vendida a apropriar". Assim, a Demonstração do Resultado, quando do recebimento, apareceria com os dois componentes do lucro bruto.

E é muito interessante esse comportamento. Por mais que eu diga, na sala de aula, que as informações sobre a capacidade e a intenção de pagamento do cliente sejam as melhores possíveis, a classe continua majoritariamente não querendo reconhecer o lucro no ato da venda.

Pelo jeito, passou-se muito tempo até que perceberam os comerciantes que, depois de conhecida a experiência de venda a prazo, era possível estimar as perdas já no ato das vendas. E que o ponto clímax do processo de ganhar dinheiro estava na venda, não no processo de recebimento do dinheiro. E este não exigia tanto esforço assim. Além disso, reconhecer no recebimento promovia uma variação muito esquisita no lucro quando, por exemplo, se mudavam os prazos para mais ou para menos. Que bela confusão! Imaginem o cliente chegar para pagar a dívida e o comerciante dizer: "Deixa para a semana que vem, que é outro mês, porque neste já tenho lucro registrado suficiente...".

Ou seja, uma análise de custos e benefícios entre as duas alternativas acabou ocorrendo ao longo do tempo. Pontos fortes e fracos para ambas as hipóteses: reconhecer a venda a prazo no ato da venda ou quando do recebimento.

Porém, acabaram, pelo jeito em sua maioria, por reconhecer no ato da venda com o registro da parte provavelmente a não ser recebida também reconhecida nesse momento (Provisão para Crédito de Liquidação Duvidosa).

Um fato histórico muito interessante: a norte-americana Sears & Roebuck, que foi a maior varejista naquele país, quando começou, pelo que saibamos, as vendas a prestações, talvez pelo acréscimo de risco em razão de prazos maiores, voltou a reconhecer o lucro apenas proporcionalmente conforme os recebimentos. Porém, a partir da nova experiência bem estabelecida com o tempo e já podendo estimar com razoável segurança a parte provavelmente perdida, retornou a reconhecer o lucro no ato da venda e entrega das mercadorias com o registro da dedução por conta dos prováveis não recebimentos.

Reparem que há de fato uma diferença na qualidade dos lucros. Em um caso, venda e recebimento concomitantes. São lucros de qualidades diferentes no momento da venda; um já está em caixa, o outro, não, mesmo que a probabilidade de se transformar em dinheiro seja muito grande. Isso é parte da Contabilidade: ela não consegue eliminar os riscos inerentes ao negócio em si. Ela precisa aprender a viver com esses riscos e reconhecê-los da melhor forma possível, mas não há como evitá-los.

Continuaremos na próxima carta. Todavia, fica uma lição: a Contabilidade nasceu das mãos de seu próprio usuário mor, o gestor e proprietário; e se desenvolveu em função de aspectos comportamentais desse usuário que foi criando os princípios básicos de reconhecimento e mensuração para ter, para si, a melhor informação possível.

CARTA 6
Como a Contabilidade evoluiu e por que nasceu o processo de convergência internacional das normas contábeis?

Terminamos a carta anterior afirmando: a Contabilidade nasceu das mãos de seu próprio usuário mor, o gestor e proprietário; e se desenvolveu em função de aspectos comportamentais desse usuário que foi criando os princípios básicos de reconhecimento e mensuração para ter, para si, a melhor informação possível.

O que chamamos de princípios contábeis, tais como o pressuposto da continuidade, o regime de competência, a materialidade, a objetividade etc. (hoje com o nome de características qualitativas da informação contábil, no passado eram chamados princípios contábeis geralmente aceitos, ou princípios e convenções – mudaram os nomes, mas não as ideias), não foi obra de apenas um teórico da Contabilidade; nem de normas instituídas por algum governo, ou órgão de classe, lei etc. Foi iniciativa de quem era, ao mesmo tempo, proprietário, gestor, contador, talvez seu próprio auditor e, fundamentalmente, usuário; o proprietário do negócio.

Ou seja, a Contabilidade nasceu totalmente gerencial porque servia para registrar e avaliar o desempenho (resultado), registrar e avaliar a estrutura patrimonial e financeira (ativos, dívidas etc.) e também para ajudar a controlar o patrimônio. Controlar porque a Contabilidade, no sistema de partidas dobradas, diário e razão, promove o registro com base sempre em documentos externos ou mesmo internos, segue uma cronologia, permite análises do mesmo fato por ângulos diferentes (os gastos com pessoal, por exemplo, podem ser vistos por essa natureza – salários e encargos –, mas podem ser vistos também por função: pessoal da administração, da produção;

ou por localização – matriz, filial A etc.; por produto, como do produto ou serviço X etc.).

Desde que inventaram a Contabilidade e até que os bancos se desenvolveram e começaram a emprestar dinheiro para os comerciantes, tudo foi assim.

Mas os banqueiros logo descobriram que a Contabilidade, além de essencial para sua própria gestão, poderia ser também muito importante para avaliar o desempenho dos comerciantes que os procuravam para tomar dinheiro emprestado. E assim os credores se transformaram no segundo usuário da Contabilidade, e o primeiro externo à entidade.

Porém, alguns balanços fajutos devem ter provocado prejuízos, e os banqueiros conseguiram introduzir na Lei que aqueles que os prejudicassem com subavaliação de passivos ou superavaliação de ativos seriam penalizados. Isso foi, pela primeira vez na História, inserido no Código Comercial francês de 1673. E a Contabilidade passou a servir, legalmente, para proteção ao credor!

Isso provocou um aumento da prudência dos comerciantes, que foi levando muitas vezes ao conservadorismo: reduzir ao máximo o ativo e aumentar ao máximo o passivo para que não fossem penalizados por balanços cujo patrimônio líquido, a preços individuais de seus elementos avaliados a mercado, não fosse inferior ao patrimônio líquido contábil. Assim, na França, e por extensão em todos os países latinos europeus, houve um incremento desse conservadorismo e passou-se a entender que o objetivo da Contabilidade era produzir demonstrações fundamentalmente para os credores.

Quando essa filosofia e essa legislação chegaram à Alemanha e demais países germânicos, o cinto apertou mais ainda. A Alemanha, no século seguinte, não só incorporou isso ao seu Código Comercial como também ao Criminal. Assim, além de ser penalizado financeiramente, ia para a cadeia quem superavaliasse ativo e subavaliasse passivo. Imaginem só o aumento então do conservadorismo (que, por sinal, se estende até os dias de hoje, mas já foi muitíssimo mais forte).

Nesses países, o proprietário/gestor foi perdendo a primazia e se transformando em um usuário de segunda linha, com o credor o precedendo. E, algo interessante, os empréstimos eram tomados com o gerente do banco ouvindo o cliente. E o gerente, normalmente bem treinado em Contabilidade à época (fui bancário e peguei essa fase no Brasil), não tinha uma ideia de quão conservadores eram as Demonstrações Contábeis, precisava ficar perguntando: como é sua política de depreciação, como faz provisão para os litígios, quando reconhece a receita de venda etc. Eram o que costumo chamar de "Notas Explicativas Auriculares", porque dadas realmente ao pé do ouvido do gerente. Este é que fazia as anotações e deliberava ou passava para o nível de cima com tais detalhes e suas observações. Não existiam Notas Explicativas como as conhecemos atualmente.

O interessante é que nos países anglo-saxônicos, liderados pela Inglaterra, jamais se aceitou que os credores obtivessem essa primazia. A Contabilidade considerada boa era a que praticava regras que ofereciam a melhor informação possível ao usuário interno, o gestor.

Os anglo-saxônicos, em geral, não admitem colocar normas técnicas em lei. Deixam que os juízes, quando precisarem de uma análise contábil, por exemplo, chamem os *experts*, e estes, sim, digam qual o melhor procedimento. A filosofia anglo-saxônica sempre foi a de que as normas contábeis precisavam, sim, ser homogeneizadas à medida que surgissem usuários externos, mas definidas pelos próprios contadores, jamais por uma lei. Tanto que, também nos EUA, não existem leis que determinam como se praticar a Contabilidade. Nesses países, até alguns anos atrás, as normas eram emitidas pelos próprios institutos de contadores.

Praticavam esses países, sim, a prudência que pelo jeito nasceu com a própria Contabilidade, mas sem jamais atingir o nível de conservadorismo latino e principalmente o exacerbado germânico.

Porém, nesses anglo-saxônicos, também um dia o privilégio dado ao gestor mudou. Com a Revolução Industrial, final do século XVIII e mais ainda no século seguinte, na Inglaterra e nos EUA principalmente, aconteceu algo diferente. Entre os países do continente europeu, principalmente latinos e germânicos, os bancos, que já eram os grandes intermediários entre quem tinha capital e as empresas que dele precisavam, se fortaleceram. Com essa revolução, passou-se a precisar de muito mais capital para as grandes indústrias, grandes ferrovias etc. E continuaram eles, os credores, a ser o usuário mor da Contabilidade.

Nos países anglo-saxônicos, ocorreu algo diferente: os bancos foram, sim, importantes, mas lá desenvolveu-se, e muito fortemente, a figura da sociedade anônima aberta; esta tornou-se uma entidade que captava diretamente dos poupadores o capital necessário, mediante emissão de ações, superando os bancos como intermediários financeiros.

Com isso, as Demonstrações Contábeis passaram a um patamar ainda mais alto; eram a única forma de ligação e praticamente o único canal de comunicação entre as empresas e os investidores que não participassem da gestão da empresa. A Contabilidade passou a ser de importância vital, e o fornecimento de informação contábil que melhor expressasse a situação e a evolução da empresa era fundamental. Prudência, sim, era importante, mas um conservadorismo que deformasse o balanço só prejudicava a credibilidade das informações.

Com isso, os investidores não controladores começaram a ser o alvo dos contadores e de suas normas de reconhecimento e avaliação de ativos, passivos, receitas e despesas. O usuário mor até então nesses países, o gestor, perdeu a primazia para o investidor externo à entidade. Passou a ser bom "princípio contábil" aquele que melhor informasse esse investidor.

Daí o nascimento da figura do auditor independente, totalmente independente, de fato, da empresa, a analisar e a afirmar que as Demonstrações estão como deveriam estar dentro dos cânones contábeis estabelecidos pelos próprios contadores (*princípios contábeis geralmente aceitos* entre os contadores).

Além disso, há outro fato: nasceram as Notas Explicativas por escrito, para ajudar nesse entendimento melhor das Demonstrações Contábeis.

E um salto enorme ocorreu nesse mundo. Como sabemos, sacanagens não faltam. E provavelmente alguém divulgou o balanço de uma companhia aberta, individual, com tudo normal. Posteriormente, a empresa quebra, e daí se descobre que suas vendas aumentavam porque vendia para "irmãs", do mesmo grupo econômico; que não tinham dívidas porque a "mãe" tomava empréstimos e usava o dinheiro para aumentar o capital da "filha" etc.

Com isso, há estresse no mercado de ações, que caem de valor, o que aumenta o custo do capital próprio, um desastre.

E como não existiam leis, e as normas dependiam apenas dos próprios contadores, alguém tomou a iniciativa de elaborar um balanço e uma apuração do resultado do conglomerado econômico como um todo, como se, em lugar de diversas pessoas jurídicas, existisse uma só. Isso para mostrar, via essas demonstrações, que os recebíveis eram realmente contra terceiros, não de uma empresa contra outra sob controle comum. Que todas as dívidas lá estavam. Que as receitas eram por vendas para fora do grupo etc.

E nasceram as Demonstrações Consolidadas. Até então, também os balanços eram por pessoas jurídicas individuais apenas, mas, agora, além das individuais, nascem essas consolidadas como se existisse uma única entidade, e não várias.

Vocês não imaginam que dramática quebra de paradigmas produziram essas demonstrações consolidadas. Primeiro, claramente emerge o conceito de entidade econômica, sobrepondo-se ao conceito até então universal da entidade jurídica. O consolidado não é de uma pessoa jurídica, não tem CNPJ, não tem contabilidade própria, diário e razão próprios. As demonstrações feitas pelas entidades do grupo sob controle comum são, extracontabilmente, "somadas" e a seguir são feitas as exclusões dos relacionamentos entre elas (vendas, empréstimos, recebíveis, despesas etc.).

Assim, cria-se uma figura diferente. Se a entidade jurídica já é uma obra de ficção criada pelo homem, imaginem a entidade econômica como derivada de um conjunto de pessoas jurídicas!

Notem que se trata da procura por uma representação mais global e mais realista do patrimônio empresarial como um todo e de suas evoluções. Uma representação mais econômica desse patrimônio. Uma quebra grande de paradigma, repetimos: mais importância à entidade econômica do que à entidade jurídica.

E a segunda quebra de paradigma decorrente dessa inovação, a consolidação dos balanços e resultados. Quando a controladora A, que detém 70% das ações da companhia B, efetua a consolidação, traz para dentro do balanço consolidado tanto ativos que são de propriedade de A quanto os que não são de sua propriedade, que são os de B, mas que estão sob seu controle (de A). Notem que mudança extraordinária de conceito. Os ativos consolidados incluem itens de propriedade jurídica da consolidadora e itens (da empresa B) que estão sob seu controle (de A), mas não são de sua propriedade formal (de A).

Nasce, assim, no consolidado, o conceito de que os ativos não são os de propriedade jurídica de A, mas os controlados por A.

Ou seja, dois conceitos jurídicos são substituídos por conceitos econômicos: entidade jurídica por entidade econômica e propriedade jurídica por controle.

Tudo para propiciar uma confiança maior para o mercado investidor e para lhe dar uma visão consolidada mais forte do conjunto empresarial como um todo em que o investidor está colocando seu rico dinheirinho.

É óbvio que parece que isso só poderia nascer dos ingleses, cuja praticidade é extremamente forte, e o que interessa predominantemente é a essência e não a forma, a ponto de quebrar conceitos básicos que a Contabilidade utilizava até então.

São os anglo-saxônicos os que têm sua estrutura social formada sob os cânones do Direito Consuetudinário, dos costumes, a tal de *Common Law*. As leis devem ser poucas e principiológicas, para que sejam o mais possível perenes. Os julgadores precisam ir mudando a interpretação, a jurisprudência, conforme mudam as circunstâncias e o conceito social do que é justo.

Não é à toa que os juízes, os delegados e os promotores norte-americanos são eleitos pelo povo, porque precisam primeiro mostrar que detêm um senso de justiça que o povo aprova.

É claro que os latinos não gostaram nada da ideia. Muito menos, os germânicos. Afinal, para esses países, o formalismo sempre foi uma autodefesa. Tudo tem que estar o mais analiticamente possível na lei. É só verificar: a nossa Constituição tem 250 artigos; a norte-americana tem 7 artigos e 27 emendas, e a inglesa tem zero artigo! (Tudo na jurisprudência, na formação e na doutrina jurídica dos julgadores.)

Para os germânicos, emitir uma demonstração consolidada, ou seja, de uma entidade que não tem personalidade jurídica, era uma heresia (muitos consideram assim até hoje); inscrever ativos que não são da propriedade da empresa, muito menos.

Agora, o último grande fato novo de mudança filosófica sobre a Contabilidade: no início do século passado, chegou a figura do imposto de renda sobre o lucro das entidades (nos EUA, pode ser sobre a entidade consolidada!). E sobre o lucro contábil.

Os germânicos conseguiram fazer prevalecer a obediência ao interesse do credor e foi conveniente que os empresários exigissem que esse lucro superconservador é que fosse tributado. Ainda inventaram a tal da "unicidade contábil", de forma a não permitir qualquer tentativa fiscal de tributar se não esse lucro. Atrelaram o fisco à Contabilidade.

Porém, os latinos, a começar por França e Itália, não tiveram essa força por parte dos empresários, e o Estado tributador foi tomando conta da Contabilidade e assumindo um papel de primazia, apesar de a lei continuar dizendo que a Contabilidade é para proteção ao credor. Esse mundo latino acabou por transformar o Estado tributante no usuário externo à entidade mais importante.

Os anglo-saxônicos não se submeteram e exigiram que, se fosse necessário um lucro tributável diferente do contábil, que se fizessem demonstrações paralelas para fins tributários, sem alteração da Contabilidade propriamente dita. E assim criaram os registros auxiliares, do qual o Livro de Apuração do Lucro Real do Rei Leão (LALUR) é um exemplo adotado hoje no Brasil. Ou seja, nos anglo-saxônicos continua a Contabilidade sendo entendida como um instrumento de informação do investidor.

Que bela confusão: anglo-saxônicos com Contabilidade feita para os investidores; latinos, para o Fisco (qualquer semelhança com o que era praxe no Brasil e até certo ponto ainda acontece em empresas sem boa Contabilidade não é mera coincidência); e os germânicos, para o credor.

Não é à toa que, no século passado, após a Segunda Guerra Mundial, quando a globalização dos negócios começa a se expandir, enormes problemas também começam a surgir: analisar balanços de países diferentes para se dar crédito, dar dinheiro emprestado, investir em ações, negociar empresas, comparar desempenho... tudo muito difícil.

As matrizes tinham que obrigar as filiais em diversos países a terem todas duas Contabilidades: uma para a legislação local e outra para a da matriz.

Inclusive para fins gerenciais: como avaliar o desempenho de cada filial, se cada uma adota regras contábeis diferentes?

Bem, mas que tal alguns exemplos práticos dessas diferenças?

Aguarde a próxima carta.

CARTA 7
Como está a Contabilidade hoje?

Terminamos a carta anterior pedindo exemplos de disparidades contábeis entre saxônicos, latinos e germânicos. Lá vão alguns deles.

Os *contratos de execução a longo prazo* eram, inicialmente, registrados de forma que a apuração dos lucros se desse apenas ao final. Assim ocorre com fabricante de grandes máquinas, de construção de rodovias, de produção de navios etc., produzidos por encomenda e com contratos a preços já ajustados desde o início. Nesse caso, a prática era a empresa ativar os custos de produção e só os baixar quando da entrega do produto, quando reconhecia a receita.

Só que, para contratos de dois, três ou mais anos, isso significava o diferimento do reconhecimento do lucro que produzia: para os germânicos, uma possibilidade de só pagar o imposto sobre o lucro ao final; para os latinos, idem, até que a legislação começou a mudar. O Fisco passou a não gostar da ideia. Por exemplo, no Brasil, até 1977, era assim: lucro só no final e tributo também; mas o Decreto-Lei nº 1.598 desse ano passou a exigir, para os contratos a longo prazo, algo diferente. E passou o Fisco então a exigir, no Brasil, o que os anglo-saxônicos já faziam havia muito tempo.

Imaginem para os investidores ingleses e norte-americanos esperar a apuração do lucro só quando do final do contrato, sem saber se o desempenho estava sendo bom ou não ao longo do tempo. Que tal os acionistas terem que esperar todo esse período para avaliar o desempenho dos negócios? Obviamente os saxônicos criaram uma norma contábil (os contadores, não a lei) regulando o seguinte: desde que com dados confiáveis, o lucro deveria ir sendo reconhecido à medida em que se executasse o contrato (*Percentage of Completion* – POC).

Os germânicos passaram a dizer que os ingleses apuravam lucro por aproximação, sem segurança, porque só ao final era possível conhecer o efetivo resultado. Já os ingleses diziam que, de fato, estavam *aproximadamente certos*, apurando o lucro de cada período e efetuando ajustes por conta de erros nessas apurações, mas que os germânicos estavam *exatamente errados* por que não apuravam lucro nenhum nos períodos em que se executava o contrato e o lucro apurado quando do seu final era o lucro não desse ano, mas o acumulado de anos anteriores. Logo, todos estariam, individualmente, errados.

Claro que o lucro total final não pode mudar. Afinal, quem vai dizer a verdade será o caixa final, mas os resultados de cada período podem ficar e ficam às vezes muitíssimo diferentes.

Outro exemplo: e as *depreciações*? Para um norte-americano, quando se pergunta "quanto depreciar", a resposta virá com outras perguntas: Qual o custo de aquisição? R$ 10 milhões? Ótimo. Qual o prazo estimado de duração? Entre 7 e 9 anos? Então sejamos prudentes e utilizemos 7. Qual o valor final de venda? Entre R$ 1,5 milhão e R$ 2 milhões, então utilizemos R$ 1,5 milhão. Assim, o norte-americano apurará uma depreciação de R$ 10 milhões menos R$ 1,5 milhão a ser recuperada pela venda, ou seja, R$ 8,5 milhões, como a parte do custo a recuperar das receitas de vendas, de aluguéis, de juros etc., ou seja, como a depreciação total. E ser reconhecida sistematicamente essa depreciação por 7 anos; se em linha reta constante, R$ 1,21 milhão por ano.

Para um germânico, a pergunta é a mesma, mas a resposta é diferente. A única coisa em comum é o custo de aquisição. Diz o germânico: Se o valor residual esperado é de 15% do valor de custo, por conservadorismo, vamos tomar como sendo R$ 0. Melhor depreciar tudo para não correr risco de ir para a cadeia. E o prazo? Se é entre 7 e 9 anos, fica-se com algo significativamente inferior à hipótese mais pessimista. Então, 5. Costuma-se falar, e não é muito brincadeira, que fazem assim: média aritmética entre 7 e 9: somam-se os dígitos, o que dá 16, e divide-se por 3 (isso mesmo, por 3, e não por 2), o que dá 5,33 anos que, arredondados, são 5. Assim, a depreciação anual será de R$ 10 milhões divididos por 5 = R$ 2 milhões.

E para os latinos? Faz-se a mesma pergunta e a resposta era (e ainda é em muitos casos, infelizmente): deixe-me consultar a tabela do imposto de renda!

Outro exemplo, na área de *seguros*: os germânicos apuram o lucro dos contratos apenas no primeiro dia após o final do contrato! Já os saxônicos distribuem os lucros estimados durante o prazo dos contratos.

Mais um exemplo sobre *provisões*: os germânicos chegaram a ter (a Suíça ainda tem) uma tal conta de Provisão para Riscos Gerais, de uso discricionário da administração, desde que feita para proteção ao credor! Sabiam disso? É melhor agora esquecer. Ou seja, para eles, a provisão era quase que totalmente discricionária. Para muitos latinos, registradas conforme sua dedutibilidade (que coisa horrível, não?). Para outros, as provisões no passivo são reconhecidas quando julgado provável um futuro desembolso de caixa por conta de algo ainda a se aclarar no futuro.

Por toda essa confusão, e por essas diferenças doerem no bolso das multinacionais de alguns grandes investidores, de muitos bancos etc., começou-se a pensar em como reduzi-las. E daí passou-se a pensar na convergência das normas contábeis.

E esse assunto passou a permear muitas discussões nos congressos contábeis, entre os diversos legisladores no mundo todo, nas grandes discussões econômicas etc.

A Organização das Nações Unidas (ONU) chegou a ter um grupo que tentou isso (participei por um tempo, até me dar conta de que não era, absolutamente, o lugar apropriado, porque tudo é muito politizado e sem força coercitiva para a implantação, apesar de normas de boa qualidade técnica).

E aí aconteceu algo muito interessante: nos EUA, onde as normas eram feitas pelo Instituto dos Contadores (Accounting Principles Board – AICPA), os investidores e os intermediários do mercado acionário começaram a reclamar porque esse instituto é formado por contadores, *controllers* e auditores, todos remunerados pelas empresas; e diziam que os interesses dos investidores estavam sob risco. Só se regulamentava conforme interesse das empresas.

Nos EUA, como disse antes, não havia e não há na lei como fazer Contabilidade; apenas se diz que as companhias abertas têm que seguir o que a CVM de lá (Securities Exchange Commission – SEC) dizia (e diz). Só que a SEC fazia a delegação da elaboração das normas ao AICPA.

Porém, o Congresso ouviu o clamor dos investidores e exigiu que a SEC mudasse, e ela continuou não determinando as regras contábeis, mas mandou que se constituísse um outro órgão formado por quem preparasse as demonstrações contábeis, por quem as auditasse, por quem as analisasse e por quem decidisse sobre elas (investidores), bem como por representantes da academia. Assim foi criado o Financial Accounting Standards Board (FASB), com essa composição, em 1973. (Diziam que a Contabilidade era muito importante para ficar só na mão dos contadores – até hoje não sei se é elogio ou não...)

E o FASB já nasceu com não sei quantas pessoas em tempo integral, com não sei quantos milhões de dólares, ou seja, todo-poderoso. Com isso, quando viram o que estava para acontecer, os europeus, temerosos de que o FASB se transformasse no grande órgão regulador mundial, criaram em regime de urgência o International Accounting Standards Board (IASB) – no início, era Committee (IASC). E com a palavra *International* lá. E conseguiram pôr em pé esse organismo algumas semanas antes da abertura oficial do FASB.

O mundo é assim, o da Contabilidade, também. Técnica, medo, orgulho, inveja, respeito e tudo mais – tudo devidamente misturado.

E o que era considerado altamente improvável: os europeus, apesar de todas as diferenças, resolveram, no IASB, entrar em acordo: Contabilidade universal não poderia ser a fiscal dos latinos, nem a exageradamente conservadora germânica, e tinha que seguir a filosofia anglo-saxônica. Até montaram a sede em Londres.

Assim nasceram praticamente juntos o FASB e o IASB, originariamente muito iguais, com a mesma filosofia: prevalência da essência econômica sobre a forma, quando as duas não se apresentam convergentes; primazia dos balanços consolidados sobre os individuais. E normas contábeis baseadas na filosofia de serem curtas, principiológicas e não baseadas em regrinhas práticas de faça isso, faça aquilo.

Hoje, infelizmente, nem tudo está assim. Costumo, brincando, falar o que penso: antes as normas eram feitas por contadores que, sem remuneração, arrumavam algum tempo para escrevê-las; logo, curtas, principiológicas. Por outro lado, quando se cria um órgão com dezenas ou centenas de pessoas empregadas só fazendo isso, resta apenas uma coisa: escrever normas detalhadas, cada vez maiores, cada vez introduzindo mais detalhes sobre o que já está normatizado etc. Isso ocorreu principalmente no FASB, que tem hoje um absurdo número de regrinhas. Tanto que a Lei Sarbanes-Oxley, nos EUA, na virada do século XX para o XXI, chegou ao ponto de exigir que, daquele momento em diante, o FASB tinha que ser mais principiológico, o que vem de certa forma acontecendo nos últimos anos.

Mais recentemente, o IASB continua cada vez mais escrevendo normas menos principiológicas, mais detalhadas e parece que com dificuldade de diminuir esse ritmo.

Por outro lado, o mundo econômico e jurídico vai ficando cada vez mais complexo, os riscos vão se alterando significativamente, novos instrumentos financeiros e novas formas de negócios vão aparecendo, de forma que tudo se junta e haja tempo para se manter atualizado.

Aliás, alunos e alunas, a escola só ensina o básico, básico mesmo. Ainda mais em um mundo cada vez mais detalhadamente normatizado. E, às vezes, a escola se esquece de ensinar a teoria, os princípios, os conceitos, gastando tempo demais com as normas propriamente ditas. Para corrigir isso, o grande esforço é pessoal e eterno enquanto o profissional dure.

Ah, quase ia me esquecendo de algo muito importante: em 1976, o Brasil, que até então tinha uma legislação de mercado e contábil muito voltada ao credor (influência franco-italiana, é claro), acompanhou uma movimentação que também a Europa continental vinha seguindo: desenvolver mais o mercado de ações e fugir um pouco da concentração bancária. Com isso, promulgou-se a Lei das Sociedades por Ações, Lei 6.404, em final de 1976.

E, na parte contábil, o que se fez foi introduzir aqui basicamente os princípios da Contabilidade norte-americana! Que mudança! O Regime de Competência foi levado muito mais a sério (sabiam que o imposto de renda sobre o lucro de um ano só era juridicamente devido no ano seguinte e, por causa disso, as empresas não o registravam ao final do ano da geração do lucro? "Legalmente ainda não o devo." Que atraso).

Por conta dessa evolução, o Brasil foi o primeiro país no mundo, depois dos EUA, a implantar a Demonstração das Origens e Aplicações de Recursos (DOAR), hoje substituída pela dos Fluxos de Caixa; só os norte-americanos a tinham como obrigatória. O Brasil foi o primeiro país não anglo-saxônico do mundo a adotar a consolidação de balanços, no caso para as companhias abertas. Foi o primeiro não anglo-saxônico a adotar a Equivalência Patrimonial.

Substituiu a Demonstração de Lucros e Perdas (nem queiram ver que bicho feio é esse), da legislação anterior, por duas: Demonstração do Resultado e Demonstração de Lucros ou Prejuízos Acumulados (até então era tudo em uma única demonstração: saldo dos lucros ou prejuízos passados com lucro bruto – vendas não eram obrigatoriamente divulgadas – e com formação e reversão de reservas, despesas, distribuição de dividendos. Uma loucura.).

Assim o Brasil passou a ter uma das melhores contabilidades do mundo, suplantada exclusivamente por EUA, Inglaterra e alguns outros anglo-saxônicos. Muito melhor do que a alemã, a francesa, a italiana, a japonesa etc. Algo muito interessante: como a FEA-USP era a única escola brasileira que ensinava a Contabilidade norte-americana, logo fomos procurados pela CVM, no início de 1977, para escrever o livro *Manual de contabilidade das Sociedades por Ações*, hoje *Manual de contabilidade societária*. Foi a CVM quem financiou a primeira edição.

E foi emitido no ano seguinte ao da Lei das S.A., em 1977, o Decreto-Lei nº 1.598 que, além de fazer alguns complementos contábeis, teve o papel principal de modificar toda a legislação fiscal para que seguisse a Contabilidade da Lei das S.A. Essa lei havia determinado a segregação entre Contabilidade e Fisco, como na Inglaterra e nos EUA (vejam o art. 177, § 2º original). Daí a criação do já mencionado LALUR pelo Decreto-Lei nº 1598 em 1977. Pena que, no ano seguinte, época da ditadura militar, essa segregação sofresse um passo atrás porque a Receita Federal da época, não tendo gostado disso, exigiu que só poderia sofrer ajustes no LALUR, diminuindo o lucro tributável, o que tivesse prévia e expressa autorização da própria Receita.

Com essa interferência fiscal, registrar uma depreciação por valor contábil na escrituração mercantil e outra fiscal no LALUR só poderia ser feito se isso aumentasse o lucro tributável. Caso contrário, não. E, se aumentasse o lucro tributável, poder-se-ia perder o direito à dedutibilidade futura da parcela não aproveitada. Logo, todo o mundo seguia simplesmente a regra fiscal. E assim continuamos com muitos outros exemplos.

Por causa dessa interferência fiscal, as normas contábeis da CVM e também do CFC passaram, com o decorrer do tempo, a não sofrer evolução porque introduzir determinadas boas normas significaria aumentar os tributos. Ou melhor, quando não havia interferência fiscal, novas normas eram emitidas detalhando a Lei das S.A. ou dando tratamento às novas operações que não existiam ou não eram significativas quando da implantação dessa Lei.

A Comissão Consultiva de Normas Contábeis da CVM, citada em outra carta, elaborou e a CVM (e também muitas vezes o CFC) aprovou normas de excelente qualidade, como benefícios a empregados, provisões e outras. Porém, só aquelas que não implicassem aumento da tributação e, também, desde que não confrontassem a própria Lei (algumas normas novas tanto norte-americanas quanto do IASB produziram evoluções não previstas nessa Lei e isso criou muitos problemas).

Promoveu-se então, com a própria CVM e outros interessados, ampla campanha para a modernização da Lei das S.A. durante as décadas de 1980 e, principalmente, 1990. E em 1999, a CVM apresentou uma proposta de projeto de Lei, fundamentada naquela Comissão Consultiva, ao Ministério da Fazenda, aproximando mais ainda a Contabilidade brasileira da anglo-saxônica que avançara (a nossa muito pouco), e propondo novamente a segregação total entre Contabilidade e Fisco. O projeto acabou sendo aprovado apenas no final de 2007, Lei nº 11.638, e, com legislações posteriores, simplesmente se implantaram, de forma completa a partir de 2010, no Brasil, as Normas Internacionais de Contabilidade e se conseguiu, finalmente, a neutralidade tributária que tanto se queria.

A União Europeia já havia, em 2005, obrigado todas as companhias com títulos e ações no mercado de lá a fazerem suas demonstrações consolidadas conforme essas mesmas normas internacionais (chamadas de International Financial Reporting Standards – IFRS). Contudo, o Brasil as adotou também para as demonstrações individuais, com exceção para as microempresas e empresas de pequeno porte.

Hoje, há um total de 140 países que admitem total ou parcialmente, ou então exigem, essas normas. Os EUA continuam fora dessa convergência com o IASB, apesar de que diversas normas recentes têm sido produzidas em conjunto e emitidas de forma muito similar.

E assim estamos nós, hoje, ainda em um processo de convergência com reduções fenomenais entre as disparidades originárias daquelas ênfases de Contabilidade voltada ao credor, ao Fisco ou só ao investidor. Muito ainda há que se caminhar.

CARTA 8
A experiência de um contador na CVM e no Banco Central

Acho que tenho falado muito de mim nestas cartas, mas assim me foi pedido. O objetivo, nesta carta, é falar de experiências minhas e citar pelo menos alguns outros contadores que assumiram, ao longo da vida, posições significativas no governo federal. Há muitos e muitos outros com experiências em governos estaduais e municipais, mas vamos, para sintetizar, falar apenas do caso do federal.

Além de mim, já foram diretores de fiscalização do Banco Central o Prof. Sérgio de Iudícibus, o Prof. Nelson Carvalho e o Prof. Iran Siqueira Lima (nosso saudoso colega da FEA-USP e ex-presidente mais longevo da FIPECAFI – fundação criada e mantida pelos professores de Contabilidade da FEA-USP). Já me penitencio se omito algum outro caso.

O Prof. Nelson Carvalho foi também diretor da CVM e presidente do Conselho de Administração da Petrobras.

Se permitirem, quero, neste momento, falar um pouco mais do Prof. Iran Siqueira Lima anteriormente citado. Ele fez sua carreira como funcionário do Banco Central, desde os tempos do Rio de Janeiro. Por muitos anos, trabalhou no Departamento de Mercado de Capitais que, antes da criação da CVM, tinha a função de fiscalização e fomentador do mercado de valores mobiliários no Brasil. Supervisionava as bolsas de valores, as companhias abertas e seus auditores. Ou seja, antes da CVM, quem dava as ordens era o Bacen e no período final foi o Prof. Iran o grande mandatário.

A CVM foi criada no finalzinho de 1976 e se preparou, durante 1977, para funcionar com o recrutamento e treinamento de seu primeiro corpo funcional. Começou a funcionar no primeiro dia de 1978, com o Prof. Iran entregando todos os arquivos daquele departamento para a constituição dos iniciais da CVM, incluindo os relativos às bolsas, às companhias abertas e aos seus auditores.

Como já citado várias vezes neste livro, a Lei das S.A., também de dezembro de 1976, foi um marco, a grande revolução contábil no Brasil antes da segunda, a das normas internacionais em 2008/2010.

É importante relatar que, em 1972, quatro anos antes da Lei das S.A., o Banco Central, por trabalho incansável do Prof. Iran, emitiu a Resolução 220 (CMN) e as Circulares 172 e 173, que já obrigavam as companhias abertas a serem auditadas por auditores devidamente credenciados para isso, bem como já introduziam para essas empresas, e apenas para elas, determinadas evoluções contábeis em direção ao que veio depois a ser a Lei das S.A.

Prof. Iran, nossa saudade e nossos parabéns pela sua participação na história da Contabilidade no Brasil. Muito, mas muito mesmo há que se falar dele, no entanto, vamos nos limitar desta vez a apenas esses fatos.

Voltando à nossa linha. A CVM começou a funcionar em 1978 com aquelas funções de regular, supervisionar e fomentar o mercado de valores mobiliários (ações, debêntures e outros), e, logo de início, trabalhar pela implantação de todas as normas contábeis novas trazidas pela Lei das S.A.

Em 1985, no início de seu oitavo ano de vida, fui convidado para ser diretor, ou seja, membro do seu colegiado. (A diretoria da CVM funciona como se fosse ao mesmo tempo um poder legislativo e judiciário do mercado de capitais, guardadas as devidas proporções. As funções executivas são executadas pelos superintendentes – como o de Normas Contábeis e de Auditoria – SNC. E a diretoria delibera tudo, tanto quando emite normas quanto ao julgar os desvios e impor penalidades, como um colegiado. E tudo é deliberado dessa forma, coletivamente. Não há um diretor de Contabilidade, um judiciário etc. Todos os quatro diretores têm responsabilidades idênticas, apesar, é claro, de se dedicarem mais à análise do que é de sua *expertise*. Só o presidente tem funções privativas, mas apenas de natureza administrativa.)

E minha experiência, durante três anos, foi uma das maiores e melhores que tive na vida. Já comentei, em carta anterior, que sempre me dediquei tanto à academia quanto à vida prática, e não só na prática empresarial, mas também, algumas vezes, na governamental, como dessa vez.

Especificamente, tive oportunidade ímpar de poder trabalhar pelo que considero fortalecimento da Contabilidade brasileira.

Por exemplo, apesar de a Lei das S.A. estar em vigência desde 1978, ainda em 1984 viam-se balanços fora, alguns muito fora, dos ditames da Lei ou com utilização inadequada de sua normatização contábil. E o meu maior papel foi levar ao enquadramento para que essas normas características da boa Contabilidade fossem seguidas pelas companhias abertas e por seus auditores.

Foi, também, infelizmente, o período em que mais houve republicações de balanços das companhias abertas brasileiras pela CVM. Exatamente porque já se podia considerar como findo o prazo de aprendizado, e agora precisava-se ser mais rigoroso com quem não havia aprendido direito.

Alguns casos foram emblemáticos. Por exemplo, uma empresa aérea começou a fazer correção monetária dos balanços com base na variação do dólar e não da inflação. E não foi fácil concretizar-se a republicação, porque ela era supervisionada por militares. Ainda era 1985, primeiro governo civil após o período de domínio militar, mas não eleito pelo povo e sim pelo Congresso Nacional. Porém, deu certo (mesmo porque, se não tivesse havido a tal republicação eu não teria continuado no posto).

Havia de tudo... consolidações incorretas, falta de técnica na elaboração da DOAR, que antecedeu a de Fluxos de Caixa na nossa história, mau uso do então existente grupo de balanço denominado Resultados de Exercícios Futuros, prática não adequada do Regime de Competência, contabilizações incorretas da equivalência patrimonial, prática inadequada de tributos diferidos, pareceres que não deveriam ter sido emitidos como foram etc. Por falar em parecer, é importante dizer um fato do outro lado: um dos maiores desvios de recursos de companhia aberta da época foi localizado pela CVM a partir da análise de um parecer da auditoria independente muito bem elaborado.

Como também já disse em carta anterior, trabalhara na implantação das primeiras demonstrações com *correção integral de balanços* no início da década de 1980 (Telepar, Vasp, Vale), mas todas voluntárias. E na CVM, após o frustrado Plano Cruzado e a volta da alta inflação, consegui não só a aprovação dessa norma no colegiado da CVM, mas também a aceitação relativamente tranquila dos auditores e das próprias companhias abertas (via sua associação principal, a Abrasca). À época foi um marco. A evolução dessa técnica levou a ter a ONU e o então IASC (hoje IASB) afirmando ser o modelo brasileiro o melhor do mundo (e não eram poucos os países com altas taxas de inflação). O marco inicial foi essa norma, a Instrução CVM nº 64/77. Muitos bons aprimoramentos foram sendo feitos com o tempo pelos que depois me sucederam.

Tudo pela bandeira de se ter a Contabilidade como um instrumento sério de ligação entre a companhia e o mercado acionário, principalmente os acionistas não controladores, normalmente minoritários.

Não posso deixar de dizer que acabei recebendo de muitos órgãos de classe e outras instituições diversas comendas que por demais me orgulharam e representaram o reconhecimento público do nosso trabalho.

E quero ressaltar, para isso, os trabalhos e a dedicação do também saudoso Prof. Hugo da Rocha Braga, nosso superintendente de Normas Contábeis e Atuariais na CVM à época.

Tivemos, é claro, que infelizmente punir administradores de companhias abertas e até auditores. Porém, tudo pela causa do respeito à informação contábil.

Conseguimos também algo pioneiro no Brasil ao final de 1985; tínhamos até então uma fortíssima reação ao fato de um órgão governamental aprovar atos de um órgão particular. E conseguimos, como já citado também em carta anterior, instituir uma comissão informal para ajudar aquela autarquia, com representantes da academia, dos contadores, dos auditores e dos analistas de crédito e de investimento. (Reparem na junção entre teóricos e práticos.) Essa comissão se formalizou em 1989, com o diretor da CVM, nosso colega L. Nelson Carvalho, e recebeu o nome de Comissão Consultiva de Normas Contábeis da CVM, com a participação do CFC; em 2005, com mais a B3, transformou-se no CPC.

Em início de 1986, essa comissão produziu seus primeiros filhos: a emissão de deliberações da CVM aprovando pronunciamentos emitidos pelo

Instituto Brasileiro dos Auditores Independentes (Ibracon), mas nascidos nessa comissão comentada. E assim nasceram as Deliberações CVM n^{os}:

- *Del. 26/86* – sobre Transações entre Partes Relacionadas, relativa às informações a serem prestadas sobretudo em notas explicativas derivadas principalmente das operações de entidades sob controle comum, quando há chances maiores de utilização de preços não totalmente condizentes com os de mercado e situações similares. Implantada 24 anos antes da adoção das Normas Internacionais de Contabilidade, hoje a normatização desse assunto se dá pelo Pronunciamento Técnico CPC 05 – Divulgação sobre Partes Relacionadas.
- *Del. 27/86* – sobre Reavaliação de Ativos, prática essa definida pela Lei das S.A. de 1976 e muito utilizada no Brasil à época. Hoje está vedada na legislação brasileira, apesar de ser aceita pelo IASB.
- *Del. 28/86* – Investimentos Societários no Exterior e Critérios de Conversão de Demonstrações Contábeis em Outras Moedas para Cruzeiros (Cruzeiro era a moeda nacional da época). Documento também pioneiro, substituído em 2008 pelo Pronunciamento Técnico CPC 02 – Efeitos das Mudanças nas Taxas de Câmbio e Conversão de Demonstrações Contábeis, depois atualizado em 2010.
- *Del. 29/86* – Estrutura Conceitual Básica da Contabilidade, a base conceitual fundamental para a elaboração das demonstrações contábeis, substituída tempos depois pelo Pronunciamento Técnico CPC "00" – Estrutura Conceitual para a Elaboração e Apresentação das Demonstrações Contábeis, de 2008, hoje na terceira versão (2019). (A versão original desse documento foi feita pelo Prof. Sérgio de Iudícibus como um documento do Ipecafi, depois discutida pela comissão nominada e a seguir emitida como Pronunciamento do Ibracon.)

Reparem que as minutas desses documentos eram elaboradas pela comissão consultiva mencionada; depois de aprovada pela comissão (que era da CVM, conforme já dito), o Ibracon formalizava sua emissão por meio de um pronunciamento e a CVM obrigava à sua adoção por meio de uma deliberação.

E, repita-se, quase um quarto de século antes da adoção das normas internacionais no Brasil. Porém, logicamente, algumas dessas normas consideravam os conteúdos de documentos então emitidos pelo FASB e pelo IASB.

Essa prática passou a ser utilizada pela CVM até a criação do CPC em 2005 e o efetivo início das normas internacionais em 2008, quando as emissões dos documentos passaram a ser feitas pelo CPC.

Muitas das normas emitidas dessa maneira foram também adotadas formalmente pelo CFC, apesar de, até 2010, essa autarquia não ter ainda o poder legal de sua implementação para entidades não subordinadas a algum órgão regulador federal com poderes legais para normatizar sobre Contabilidade.

Como disse, saí em março de 1988 da CVM e já em 1990 assumi outro encargo: o de diretor de fiscalização do Banco Central. Só que não tenho muito que falar sobre o ano e meio em que lá estive, já que foi exatamente durante a implantação do Plano Collor, com o congelamento de todos os tipos de instrumentos financeiros (depósito bancários, poupanças, fundos de investimento etc.). E toda minha energia acabou tendo que ser dirigida para acompanhar o cumprimento dessas normas por parte das instituições financeiras e outras controladas pelo Banco Central que tentavam conter a altíssima taxa de inflação.

Houve muitas quebras de instituições financeiras que só sobreviviam porque pegavam depósitos sem quaisquer remunerações e os aplicavam nas taxas estratosféricas da alta inflação; quando esta cessou, infelizmente a quebradeira foi razoavelmente grande. E foi pior entre os bancos estaduais que, à época, ainda lançavam mão de um procedimento absolutamente maléfico: quando precisavam, recorriam a cheques emitidos contra o Banco Central, mesmo que não houvesse saldo para isso. "Injeção na veia" para a inflação, pois isso é uma forma de emissão de dinheiro.

Infelizmente, tive que sugerir ou participar de intervenções e liquidações extrajudiciais que até hoje me deixam triste, mas que foram necessárias.

Do ponto de vista contábil, nossa função era a de acompanhar as demonstrações contábeis dessas instituições e, juntamente com outros órgãos do Bacen, acompanhar a liquidez financeira delas.

Do ponto de vista de normatização contábil, a única coisa de que posso me orgulhar foi, acreditem, a emissão de uma norma sobre o *provisionamento* dos créditos de liquidação duvidosa que eram exageradamente frouxos à época.

Acho que, do ponto de vista contábil, a norma relevante de que tive iniciativa foi a Resolução nº 1748/90, que obrigou ao reconhecimento de perdas com crédito de liquidação duvidosa indistintamente se contra entidades privadas ou públicas (não se provisionava contra o Estado).

Essa Resolução também obrigou a empresa a aplicar julgamento nos casos de provisionamento mesmo antes do vencimento nos casos "normalmente anormais" de sabida incapacidade do devedor. E a provisionar os créditos vencidos há pelo menos 60 dias; ainda tratou de outras situações, tornando bem mais rígidas as regras vigentes até então.

E, pela primeira vez na nossa história, proibiu-se o reconhecimento de receitas financeiras de créditos inadimplidos, obedecendo-se ao princípio básico de que não se pode reconhecer receita para dúvidas significativas quanto ao seu recebimento (conforme hoje formalmente estabelecido nas normas brasileiras pelos diversos CPCs).

Essa Resolução foi substituída, posteriormente, pela hoje em vigência Resolução nº 2682/99, que proporcionou um avanço enorme à qualidade da informação contábil bancária com as obrigações de provisionamentos conforme as classificações dos devedores (A, B etc.).

Achei que nunca mais iria para algum trabalho relevante no governo federal, mas eis que, em 2008, começamos a implantação das normas internacionais no Brasil, com a emissão dos Pronunciamentos e outros textos do CPC, e suas aprovações pela CVM, pelo CFC e diversos outros órgãos reguladores.

A Lei nº 12.638/07 obrigou o início dessas normas, com muitas delas para entrarem já em vigência em 2008; mas a maior parte delas foi preparada durante 2009 para vigência a partir de 2010.

Como no colegiado da CVM não havia nenhum contador, a presidente daquela autarquia, Maria Helena Santana, muito insistiu para eu assumir um cargo na diretoria novamente a fim de trabalhar pela implantação dessas normas. E lá fui eu novamente trabalhar por praticamente um ano e meio para um órgão governamental.

Assim, trabalhei no que costumo chamar de "exemplo negativo de segregação de funções": mais de 90% das normas, de 2008 e 2009, eram traduzidas e/ou adaptadas por professores e alunos do curso de pós-graduação da Contabilidade da FEA-USP, pelas mãos da FIPECAFI, sob a batuta do Prof. Ariovaldo dos Santos, que fazia toda a primeira revisão e comandava o pessoal. Na sequência, eu fazia a segunda revisão e promovia a relatoria dessas propostas de documentos no CPC, onde participava como representante dessa fundação. E, após a aprovação pelo CPC, iam os documentos para a CVM, onde eu relatava as matérias ao seu colegiado para a aprovação final. Que loucura. Praticamente dois anos distante da família, incluindo os preciosos netos, tal o volume de trabalho, não só até altas horas como também aos sábados, domingos e feriados. Contudo, valeu a pena esse trabalho todo, para o qual contribuíram, é necessário que se diga e se louve, tantos outros colegas.

Tive também outros trabalhos no Tribunal de Contas do Estado de São Paulo e como conselheiro em diversas estatais. Todavia, essas três experiências narradas foram as maiores e as suficientes para mostrar as altas posições e funções que um contador pode assumir, e não só para o sucesso das empresas e outras entidades, mas para a sociedade como um todo. Tenho muito orgulho disso.

De forma alguma, não fui o único, nem o primeiro, mas um dos contadores que tiveram essa rara felicidade de poder ajudar o País trabalhando em órgãos federais.

CARTA 9
A importância das notas explicativas da auditoria

Quando narro hoje a experiência que tive em 1977, ano seguinte à decretação da atual Lei das S.A., fico envergonhado e, pior, achando que ninguém vai acreditar no fato a ser exposto pouco mais à frente.

Antes disso, essa Lei, além das várias características inovadoras já mencionadas em cartas anteriores, introduziu no Brasil a obrigatoriedade de as sociedades por ações passarem a incluir, como complemento às demonstrações contábeis propriamente ditas (hoje chamadas de primárias), as notas explicativas "*para esclarecimento da situação patrimonial e dos resultados do exercício*".

Algo que é tão banal hoje foi uma revolução à época.

Primeiro, é importante lembrar que as notas explicativas não são algo tão antigo. No mundo latino e saxônico, como já descrito em carta anterior, com as demonstrações para fins externos servindo basicamente a credores, as notas explicativas eram "auriculares", ao pé do ouvido do gerente do banco. O executivo e o contador explicavam a esse gerente as bases da preparação das demonstrações, as práticas utilizadas etc. Assim é que o gerente tomava conhecimento qualitativo do que pretendiam os números frios dizer.

Foram os saxônicos, no final do século XIX, que iniciaram e, depois, no início do século XX, firmaram a posição de fazer as notas escritas, em razão do então acréscimo violento do uso das demonstrações contábeis por conta das sociedades por ações. Não dava mais para falar ao ouvido de cada investidor efetivo ou potencial. Era necessário adicionar as explicações complementares nessas notas.

A Lei das S.A. de 1940, seguindo a prática europeia continental da época, jamais tocou no assunto das notas explicativas. Foi somente a Lei de 1976 que, passando a se basear principalmente nos norte-americanos, introduziu essa obrigatoriedade.

Bem, o fato a que me referi no início desta carta quando afirmei que, ao me lembrar, continuo envergonhado: um profissional relevante das classes profissionais de Contabilidade em São Paulo começou a pregar contra a Contabilidade dessa nova Lei. E um professor renomado de outro Estado, também. Diziam que "balanço que é balanço é autoexplicativo e não precisa de notas explicativas". Talvez você não acredite nesse fato, mas foi verdadeiro. Já passei cada vexame com alguns colegas, ainda bem que representam total minoria. Ou seja, prevalecia entre muitos a ideia de que as notas não só eram dispensáveis, como deveriam ser vedadas.

Ora, citando um título de matéria de um jornal de 24/4/2020, dia em que escrevo esta carta, muitas vezes "palavras valem mais do que números". Como escrevo no auge da pandemia de Covid-19, muito se discute sobre o que as empresas precisarão fazer em relação aos registros contábeis de *impairment* de imobilizados, de intangíveis, de estoques, de recebíveis etc. Muito se discute sobre os balanços dos bancos e como farão seus ajustes pelas prováveis perdas de crédito (hoje, quando você lê, talvez também até ache graça disso, porque já terá todo um histórico mais claro). Tudo por causa das incertezas com que a Contabilidade tem de conviver.

Só que as incertezas são tão grandes para muitos de nós, que é obrigatório um capricho enorme nas notas explicativas. Raras vezes foram tão importantes!

Mas qual a real utilidade dessas notas?

Primeiro, podemos dizer que a Contabilidade, que tantos entendem como um método quantitativo das ciências matemáticas, é, na verdade, um conjunto de aproximações. É totalmente *probabilística* e não exata. É uma ciência social aplicada, jamais parte das ciências exatas.

Vamos a alguns exemplos: os valores dos estoques representam aproximadamente os custos de aquisição desses itens, que podem variar conforme utilizemos preço médio ponderado móvel, primeiro que entra-primeiro que sai, preço médio ponderado fixo mensal etc. Todavia, exatamente por conta da escolha desses critérios é que se sabe: são valores aproximados. Talvez uma loja de negociação com automóveis usados possa saber com melhor correção o custo de cada um deles, mas, mesmo assim, será que ela terá ativado adequadamente como parte do custo de cada um também os gastos com reparos e preparação de cada automóvel para, quando vendê-lo, poder dizer que tem como confrontar o dinheiro da entrada com *todos os desembolsos* arcados (ou a arcar, se ainda não pagos) para obter essa receita? São graus de incerteza diferentes para o mesmo ativo: estoques. E só as notas explicativas para indicar bem os critérios utilizados a fim de aclarar essa incerteza (nunca para eliminá-la).

Outro caso: os valores a receber carregam, normalmente, uma incerteza muito maior porque os riscos quanto a recebimento são, como regra, mais significativos. Os ajustes para as perdas com créditos de liquidação duvidosa mostram, por si só, os níveis de incerteza. As movimentações ao longo do tempo desses ajustes expostos em notas explicativas indicam razoavelmente bem qual o grau de acurácia nessas contabilizações. Por isso ser necessária essa análise nas demonstrações, bem como as premissas básicas utilizadas para a estimativa.

Continuando: os custos de aquisição ou formação dos imobilizados carregam também todos os efeitos dos critérios utilizados: até onde houve gastos jogados para o resultado que poderiam ter sido ativados porque dizem respeito, direta ou indiretamente, à formação desses imobilizados? E a depreciação? Qual a segurança na definição do prazo de vida útil e do valor residual de venda?

Pior ainda: e os gastos com pesquisa? Pelas regras, descarregados como despesas, mas quando se começa a ter o desenvolvimento de um produto ou de um imobilizado novo, começam, aí sim, a ser ativados. Quando termina a pesquisa e quando começa o desenvolvimento? Sempre há algum julgamento e, não raro, arbítrio nessas definições.

Mais um: o passivo representa com exatidão o que você deve ao banco? Talvez sim. E as provisões para riscos trabalhistas, cíveis, tributários? Qual a exatidão deles? As notas explicativas ajudam a entender os critérios. Na verdade, como afirmado, ajudam, mas mesmo assim não resolvem totalmente.

E a definição dos momentos de reconhecimento de receitas e de despesas que às vezes não são tão claros como nos ensina o regime de competência, quando começamos a aprender Contabilidade com exemplos simples? Não se pode reconhecer receita sem um grau mínimo de certeza quanto ao recebimento. Quanto julgamento nisso, mesmo utilizando-se de experiências passadas, análises estatísticas etc., correto? Como reconhecer, e quando reconhecer, receitas derivadas da venda de um equipamento com a condição de a primeira reposição de seu motor ser feita "gratuitamente" (como se existisse isso no mundo dos negócios)?

Poderíamos gastar páginas descrevendo os níveis de incerteza da Contabilidade. Praticamente são todos seus valores aproximações (será que o caixa se excepcionaliza como a dívida para com o banco?). Claro, os graus de incerteza variam de conta para conta, de segmento econômico para segmento econômico (qual a diferença nas incertezas quanto aos recebíveis dos bancos ou das provisões para sinistros das seguradoras em relação aos de um supermercado, por exemplo? Será que o risco nas perdas com roubo, validade, deterioração e outros inerentes a certos estoques se igualam aos desses bancos e seguradoras?) e variam ainda de empresa para empresa dentro do mesmo segmento econômico; mais complicado: variam com o tempo na própria empresa.

As notas explicativas não resolvem todos os problemas dessas incertezas, mas reduzem, e muitas vezes reduzem muito, as dúvidas dos usuários externos, ao explicarem os critérios específicos utilizados, ou relatando os tipos de risco (de crédito, de dependência de fatores climáticos, de nível de liquidez da economia, da qualidade das pesquisas, das variações cambiais ou de mutações nos preços de certas matérias-primas, de políticas governamentais etc. a que a empresa está exposta e como os trata). Sua elaboração, sua auditoria e sua leitura são de enorme importância para o usuário externo (e por que não dizer dos gestores também?).

Contudo, é preciso lembrar que as notas devem se preocupar única e exclusivamente com prover informações sobre os itens *relevantes* das demonstrações contábeis. E relevantes são aqueles que podem induzir um usuário a tomar ou não determinada decisão. Assim, não se pode perder espaço e tempo do leitor com detalhamentos de valores irrisórios e de fato "com o qual ou sem o qual o mundo gira tal e qual", como dizia um colega no passado. Só que volta e meia nos esquecemos disso.

E aqui um ponto importante: não é porque uma norma fala na exigência de uma certa nota que ela precisará sempre ser dada. Se relativa a algo imaterial, irrelevante, não se deve fornecê-la. Aliás, isso está nas próprias normas.

Outro princípio básico: tudo o que é relevante (que leva alguém a uma decisão) precisa estar devidamente exposto. Não pode ser omitido.

Há uma porção de regras outras que levam à apresentação de notas explicativas genuinamente explicativas (veja a Orientação CPC 07 para isso), mas o espírito tem que ser o mesmo: coloque-se na posição daquele que tem que tomar decisão de emprestar ou não dinheiro a curto prazo, ou a longo prazo (são análises diferentes), de ter confiança na estabilidade financeira de um certo fornecedor, ou da capacidade de pagamento de cliente, ou de comprar ações de uma certa companhia, ou de aceitar determinado emprego nessa empresa etc. Ou seja, caro(a) aluno(a), coloque-se na posição daqueles que usam as demonstrações contábeis para tomarem decisão e verá com clareza o que é relevante e precisa ser dado nas notas, e o que é irrelevante e não deve ser dado.

Às vezes, algumas notas parecem dar a impressão de querer levar o leitor a ler tantos detalhes de coisas irrelevantes exatamente para desviar a atenção do que é importante...

E há o outro documento também vital a acompanhar as demonstrações contábeis: o relatório do auditor independente.

Que tal ler um balanço inteiro, com todas suas peças e notas explicativas, e, depois de estar convencido de algumas conclusões, encontrar um parecer que diz algo assim (cuidado com a linguagem exageradamente simples que vou utilizar): "tudo está bem, ressalvado que a empresa não tem controle do seu imobilizado e de sua depreciação, e seu saldo contábil representa simplesmente 60% de seu ativo". Ou que "a empresa deixou de reconhecer um passivo relativo a uma disputa tributária que é provável que ela vá perder, e que representa cinco vezes o valor do lucro líquido".

Ou pior, depois de tudo lido, chega-se ao parecer dizendo que: "são tantas as dúvidas quanto aos números apresentados, que nos abstemos de dar uma opinião"...

Na verdade, nós precisamos primeiro ler o parecer do auditor externo para depois talvez ler as notas explicativas e daí, sim, olhar os números dos balanços, dos resultados, dos fluxos de caixa etc.

Não é à toa que, na maioria dos países, o parecer do auditor vem na frente de todo o conjunto das demonstrações contábeis.

Esse parecer, que obviamente precisa ser assinado por um contador, é uma das peças de maior relevância e responsabilidade para que se cumpra o único objetivo da Contabilidade: bem informar.

Ah, quanto a falar sobre esses dois assuntos e sobre outros anteriormente comentados e também tantos outros não citados nestas cartas, é preciso resistir à tentação de não se querer ser professor quando o importante é apenas levar mensagens ao estudante ou à estudante de Contabilidade.

De qualquer forma, desculpas pelos excessos!

PARTE 3

Cartas do Professor José Carlos Marion

APRESENTAÇÃO

Acabei a minha graduação sem ter um bom domínio na mecânica de debitar e creditar, a espinha dorsal, na época, dos cursos de Contabilidade.

Por muito tempo, no Brasil, conceitos de débito e crédito foram dados aos estudantes de Contabilidade de maneira complexa, de tal modo que uma parte dos egressos não dominava perfeitamente esses conhecimentos. Isto se deve principalmente a uma metodologia chamada de Escola Contábil Italiana (ou europeia), que utilizava várias teorias diferentes para explicar o conceito desses dois termos.

Este pesadelo, no ensino da Contabilidade, começou a se dissipar quando, em 1969, foi lançado o livro *Contabilidade introdutória* por uma equipe de professores da Faculdade de Economia, Administração e Contabilidade da Universidade de São Paulo (FEA-USP) com um método de ensino que privilegia a clareza didática e traz uma notável simplificação para aprendizagem do estudante de Contabilidade. Assim foi introduzido no Brasil, em termos de ensino/aprendizagem, o que chamamos de Escola Contábil Americana (ou Norte-americana).

Este livro se tornou uma espécie de "divisor de águas". Na verdade, o ensino da Contabilidade no Brasil pode ser dividido em "antes" e "depois" do livro *Contabilidade introdutória*. Não é preciso dizer que, após estudar este livro, o "fantasma" do débito e crédito não era mais um pesadelo na profissão que eu estava abraçando.

Em 1978, iniciei o mestrado de Contabilidade na FEA-USP. Minha grande expectativa era conhecer pessoalmente dois professores (entre outros, autores do livro *Contabilidade introdutória*), considerados, já na época, as duas maiores autoridades no ensino e na pesquisa contábil no Brasil: professores Sérgio de Iudícibus e Eliseu Martins.

Naquela oportunidade, o professor Sérgio de Iudícibus era chefe do Departamento de Contabilidade e Atuária (onde me tornei professor durante

30 anos) e o professor Eliseu Martins era coordenador do mestrado (mais para frente, ambos foram diretores da FEA-USP). Desse modo, tive contato direto com ambos, com muita frequência.

Ambos influenciaram minha carreira de forma decisiva. Foram meus professores tanto do mestrado como do doutorado (o professor Sérgio de Iudícibus foi meu orientador em ambos os cursos).

Não foi só na metodologia de ensino que tivemos uma revolução no século passado, mas também nas Normas e na Estrutura conceitual, nos séculos XX e XXI.

Em 1940, tivemos o Decreto-lei nº 2.627, que direcionava a Contabilidade para um modelo europeu bastante complexo, dogmático e difícil de digerir (embora, em termos teóricos, perfeito). Todavia, em 1976, com a Lei nº 6.404, contemplamos a primeira revolução na área contábil, com um modelo nitidamente norte-americano que privilegiava o pragmatismo, a simplificação dos Relatórios Contábeis e a utilidade destes relatórios para os usuários da Contabilidade. Finalmente, em 2007, com a Lei nº 11.638, contemplamos a internacionalização da Contabilidade (IFRS, CPC...), que entendo ser a segunda revolução nesta área.

Confesso que ambos os professores contribuíram sobremaneira para que eu absorvesse (e a comunidade contábil) estes dois *tsunamis* atravessados pela Contabilidade. Na primeira revolução (a partir de 1976), lembro de ter participado de diversas mesas de debates e palestras de ambos os professores. Na segunda revolução, as aulas e as palestras sobre Teoria da Contabilidade do Prof. Sérgio de Iudícibus (agora no mestrado da PUC-SP, onde também sou professor) e as palestras do Prof. Eliseu Martins permitiram que eu me alinhasse de maneira mais segura a esta nova realidade.

Se eu ouso dar algumas contribuições por meio das cartas que vêm a seguir, faço com muita humildade, reverenciando meus mestres que me deram a honra de participar nesta empreitada de compartilhar um pouco da nossa experiência com os estudantes de Contabilidade.

Um dos tópicos das minhas cartas é sobre Planejamento de Carreira (Cartas 1, 4 e 9), considerando, em boa parte, "as dicas" que recebi destes dois professores. Deus me deu graça de ter percorrido com sucesso a minha trajetória na profissão Contábil quando colocou ao meu lado estes dois pilares da Contabilidade brasileira.

Alguns trechos das cartas sobre Planejamento de Carreira fazem parte de diversas palestras que ministrei pelo Brasil com temas como "Perspectiva da Profissão Contábil", "Contabilidade, uma Profissão Fascinante", "Desafios e Oportunidades para os Estudantes de Contabilidade" etc.

Em outros tópicos tratados nestas cartas, abordo Metodologia de Ensino da Contabilidade (Cartas 3, 7 e 8), considerando meus ganhos de aprendizagem na mudança do método europeu para o norte-americano por meio do livro *Contabilidade introdutória*, citado anteriormente.

Na verdade, Metodologia do Ensino da Contabilidade se tornou uma das principais áreas de pesquisa na minha carreira. Este foi o tema de minha tese de livre-docência e requisito para escrever alguns livros e artigos privilegiando a didática sem perder a essência técnica.

Por fim, nas minhas cartas, enfatizo a importância da tecnologia para o exercício profissional da Contabilidade (Carta 2) e a relevância desta profissão para contribuir para o bem-estar das pessoas com a prática da Contabilidade Mental (Cartas 5 e 6). Concluo esta proposta de contribuir para os estudantes de Ciências Contábeis, com a décima carta, encorajando todos a buscar sabedoria para um sucesso não só profissional, mas principalmente na vida.

CARTA 1
Contabilidade, uma profissão fascinante

Este é um dos meus temas favoritos nas ministrações de palestras motivacionais. Tenho ministrado para diversos cursos superiores de Ciências Contábeis em todo Brasil.

Na verdade, até a minha adolescência, não sabia o que era a Contabilidade nem sequer passava pela cabeça optar por essa profissão. Aliás, nunca vi, na minha vida, quando se questiona o que vai ser no futuro, uma criança ou adolescente dizer: vou ser contador.

Meu pai era pedreiro e fazia plantas para as casas que seriam construídas. Achava interessante essa área e pensava ser, talvez, um arquiteto, um mestre de obras.

Curiosamente (creio ser a mão de Deus), meu primeiro emprego foi em uma empresa de análise financeira para fins de crédito. Iniciei nessa empresa como informante (uma espécie de *office-boy* que obtinha informações em bancos e fornecedores sobre a empresa em análise ser uma boa pagadora), cargo esse que me introduziu, de forma muito precária, ao mundo dos negócios.

Porém, o que mais me empolgava nessa empresa era observar os analistas tomarem decisões sobre a saúde financeira da empresa. Diagnosticavam a empresa em análise identificando seus pontos fortes e os fracos, suas virtudes, seu potencial para crescimento e sua capacidade de honrar seus compromissos financeiros. A minha conclusão era que esses analistas agiam como "médicos de empresas", inclusive estabelecendo uma espécie de "quadro clínico" da empresa em análise, dando sugestões de como "curar" e fortalecer o negócio.

Não tive dúvida de que essa era a profissão que eu queria: "ser médico de empresas". Mais para frente, fui entender que não só as pessoas jurídicas precisam desses "médicos", mas também as pessoas físicas. Considere que 65% de brasileiros estão endividados e, boa parte, inadimplentes, principalmente pelo fato de não saberem ser bons gestores de si próprios.

A Contabilidade tem se mostrado uma área profissional muito atraente. Ela se destaca como uma das melhores remunerações do mercado, sendo uma das mais procuradas nos vestibulares: ao longo dos anos, tem estado entre os cinco cursos mais procurados no Brasil. Nos Estados Unidos, tem sido um dos cursos mais procurados. Também, nesse período, foi um dos cursos que mais cresceram naquele país, chegando, em algumas universidades, a um aumento de 70% dos matriculados.

Além de ser atraente como profissão, conceitos contábeis são indispensáveis para gerir negócios e mesmo para o sucesso de qualquer pessoa, independentemente de sua profissão, idade e nível cultural, no que tange aos aspectos econômico-financeiros. Nas nossas palestras, enfatizamos a importância da Contabilidade para as empresas modernas, para a sociedade contemporânea e para todos aqueles que querem ser bem-sucedidos nos negócios.

Três destaques no marketing da profissão

Na virada do século XX, uma universidade, ao lançar o curso de Ciências Contábeis, pediu-me algumas dicas para preparar um *folder* de lançamento do curso. Minha sugestão, aceita, foi destacar três aspectos que evidenciavam a Contabilidade como uma das áreas mais atraentes entre as profissões:

- **Desemprego zero:** desconhecemos um bom profissional contábil desempregado. Aliás, quando somos solicitados por empresas-clientes, nas nossas consultorias, para indicar um profissional, temos dificuldades em encontrar alguém disponível nesta área. Centenas de pessoas de outras áreas profissionais nos procuraram, trazendo currículo, para conquistar um emprego, porém, jamais fomos procurados por um contador (ainda que nesta área tenhamos mais facilidades); essa realidade de emprego pleno (ou até de falta de profissionais contábeis) é comum também em outros países: se você entrar no *site* do consulado da Austrália, por exemplo, encontrará próximo de três mil empresas pedindo contadores que queiram imigrar para aquele país, para ganhar excelente salário (aliás, contador é o profissional mais procurado entre as empresas australianas). Isso também ocorre em outros países. No artigo "Talento de Exportação", a revista *Veja*, em edição de 16/06/2008, mostra que o profissional contábil é muito bem-vindo nos EUA (o terceiro profissional mais procurado para imigração) e na Espanha (o segundo mais procurado). No *site* glassdoor.com, você encontrará de 200 a 300 mil empresas procurando contadores no mundo

- **Leque de opções:** possivelmente a única profissão que tem dezenas de especializações, inúmeras oportunidades, desde um gerente de um sistema de informação para tomada de decisões até um investigador de fraude, auditor, *controller*, consultor, escritor, pesquisador, docente, analista financeiro, atuário, tributarista, empresário da contabilidade, funcionário público concursado, oficial contador das forças armadas, perito contábil, gerente financeiro, contador de custos, contador global etc. Além disso, a especialização pode ser por área, como, logística, arbitragem, entidade sem fins lucrativos, ONGs, condomínio, hospital, saúde, lazer, rural, informática, tecnologia, cooperativa, gastronomia, *design* etc. Veja a Figura 3.1, mais adiante, retirada do final do Capítulo 1 de nosso livro *Contabilidade empresarial*, em que são destacadas 23 opções, não esgotando todas as especializações, embora haja informação de pelo menos 50 especializações

- **Não tem preconceito de idade:** de maneira geral, no nosso país, o profissional, em média, acima de 40 anos tem resistência pela maioria das empresas para conseguir empregos. Essas empresas preferem jovens pelo seu dinamismo, para pagar salários mais baixos, pelo fato de serem menos resistentes às mudanças, por terem mais facilidade de aceitar ordens, por serem profissionais mais motivados e mais criativos. Por outro lado, o profissional contábil não encontra essa resistência. O contador experiente cada vez mais é solicitado, independentemente de sua idade. Como profissional liberal, o contador se depara com diversas alternativas além daquela de ser empregado de uma companhia. Tive um profissional contábil que prestava serviços para uma pequena empresa de consultoria, com 84 anos, e, por várias vezes, disse-me ter rejeitado convites para prestar serviços para outras entidades. Isso é muito importante considerando que a expectativa de vida, em pouco tempo, passará de 100 anos em virtude das grandes descobertas na área da Medicina (Engenharia Genética, célula-tronco...). Calcula-se que quase todos os sistemas previdenciários podem falir, pois nem um cálculo atuarial poderia prever um acréscimo de vida tão grande como começa a acontecer no mundo moderno. Como é bom saber que quem domina a Contabilidade, custos, tributos etc. poderá ter empregos com qualquer idade.

Certamente há outras atrações para se optar pela profissão contábil, porém, as três citadas anteriormente visam provocar uma reflexão mais profunda entre aqueles que estão na fase de se decidir por uma profissão.

Uma atração para fazer o curso de Contabilidade é a relação custo *versus* benefício. O curso, por não exigir tantos investimentos pelas instituições de ensino superior, tem uma anuidade menos onerosa que os demais. Por outro lado, há muitas oportunidades de o estudante obter renda para pagar seu curso, adquirindo maior experiência. O curso de Contábeis é a primeira conta que os próprios alunos pagam (sem depender de terceiros). Além de *trainee*, estágio, serviço administrativo etc., é comum as empresas de auditoria e de contabilidade recrutarem em larga escala alunos de segundo e terceiros anos. Normalmente, no quarto ano, em média, todos os alunos estão empregados.

Opiniões de não contadores sobre a carreira contábil

Levarei em conta, principalmente, a primeira década deste século, considerando uma economia mais estabilizada comparando com a segunda década, quando, a partir de 2014, passamos a experimentar diversas turbulências na área político-econômica.

Para o profissional contábil, o mercado de trabalho é bastante promissor. Alguns exemplos podem ser citados:

O *best-seller Pai rico, pai pobre*, de Kiyosaki e Lechter, alavancou a relevância da Contabilidade quando afirma que "ninguém pode ser bem-sucedido se não conhecer a Contabilidade". Hoje a Contabilidade Mental (RBC nº 172/08), voltada para pessoa física, ganha um espaço especial, orientando as pessoas a olharem para si próprias como uma "Eu S.A.", gerando seu ativo e passivo, tendo planejamento tributário, de aposentadoria, de investimentos etc.

Novas outras áreas surgem para o profissional contábil, como: arbitragem e mediação, avaliador de marcas (intangível) e de empresas, consultor de viabilidade de empreendedorismo, contabilidade de empresas sem fins lucrativos (terceiro setor), de agroenergia, entidades esportivas, meio ambiente etc.

Com tantas mudanças neste século, já no início, Duram (*Valor Econômico*, 11/02/2004) afirmava que a figura do contador tornava-se cada vez mais vital e bem remunerada no mundo empresarial em todo o país, cujos salários poderiam chegar ao teto de R$ 15 a 30 mil por mês. Alegava que o perfil do contador passou a ser consultor e conselheiro da organização das empresas, zelando pelos seus números estrategicamente. Pelo menos em 95% do trabalho, o contador faz análises tributárias, legais, trabalhistas, compara índices, tira conclusões matemáticas e traça rotas para clientes.

O gênio das finanças, o grande mago dos investimentos, Warren Buffett, homem mais rico do mundo (segundo a revista *Forbes* 2007/8), que doou US$ 32 bilhões para uma fundação (2006) tornando-se o maior filantropo da história, afirma que a melhor profissão para se estudar é a Contabilidade: "A Contabilidade é a língua dos negócios. Existem muitas maneiras de descrever o que está acontecendo com uma empresa, mas, seja lá o que se diga, sempre se retorna à língua da Contabilidade. Sem a Contabilidade não se conhece a saúde da empresa, não se toma decisões."[1]

A American Management Association (AMA), por intermédio de Warren Bennis, o maior especialista em lideranças nos Estados Unidos, com base em uma pesquisa feita com as universidades americanas, elaborou uma relação de cem decisões que mais afetaram o século XX no mundo dos negócios. A moderna Contabilidade Empresarial ficou em primeiro lugar.

Peter Bernstein, em seu *best-seller Desafio aos Deuses*,[2] considerado o melhor livro sobre gestão de risco, afirma: "O método contábil descoberto por Luca Pacioli foi uma inovação revolucionária que teve importantes consequências econômicas, comparáveis à Revolução Industrial trezentos anos depois." Em outras palavras, Bernstein mostra que o pai da Contabilidade

---

1 Buffett, Marry; Clark, David. *O Tao de Warren Buffett*. Rio de Janeiro: Sextante, 2007. p. 25.
2 Bernstein, Peter L. *Desafio aos Deuses*. Rio de Janeiro: Campus, 1997.

Científica (dedica um capítulo do livro a Luca Pacioli) deu uma contribuição ao mundo, no milênio passado, comparável apenas à Revolução Industrial.

Em seu artigo no jornal *O Estado de S. Paulo* (26/04/2003), "Saques em Bagdá apagam a história da escrita", Alberto Manguel ressalta: "A escrita, compreendi, foi a invenção não de um poeta mas de um contador na necessidade de fazer registros." Só um profissional que detém a informação, na necessidade de informar, poderia ter inventado a escrita.

Em nota, falando sobre a profissão do futuro, advogados em um fórum sobre esse assunto concluem: "Contabilidade e Administração são profissões do futuro, pois tratam de: globalização, fusão, privatização, contratos internacionais etc. que requerem sensibilidade econômica: se os advogados não se ajustarem a essa realidade serão excluídos do mercado" (revista *Exame*, 27/10/2004).

O portal de busca de empregos Indeed.com cita quase 180 mil empregos de Contabilidade pelo mundo. O *site* glassdoor.com, 300 mil. A revista *Exame* (16/11/2011) apresenta a Contabilidade como uma das melhores profissões. A revista *Veja* (21/08/2013) mostra o excelente salário de gerentes que são contadores. O jornal *O Estado de S. Paulo* (23/03/2014) mostra que a cada dia a Contabilidade ganha mais espaço no mercado. A revista *Você SA* (05/2014) afirma que o Brasil é o segundo país com mais contratações previstas para os cargos em áreas contábeis e fiscais. O salário do gerente contábil chega a R$ 26.000/mês (Guia de carreiras e salários da Robert Half, 2017).

Que profissão é essa que tem sido, no início deste século, a mais procurada nas universidades americanas, que é considerada a que mais contribuiu para o mundo dos negócios no século passado, que possui um método considerado (assim como a Revolução Industrial) a grande contribuição no milênio passado, que faz um jornalista imaginar que só um contador, pelas peculiaridades de sua profissão, poderia inventar a escrita?

A profissão contábil registra atualmente, conforme o Conselho Federal de Contabilidade, 550 mil profissionais (incluindo os técnicos de contabilidade) e em torno de 60 mil empresas de serviços contábeis. Já ultrapassamos mais de 1.260 cursos superiores de Ciências Contábeis. Por outro lado, calcula-se que haja mais de 20 milhões de negócios no Brasil, ou seja, cada profissional contábil tem 40 empresas (negócios) disponíveis para prestar serviços. Claro que os escritórios de Contabilidade vêm preencher parcialmente essa lacuna.

Planejamento de carreira

Na década de 1980, fui convidado para ministrar a disciplina Contabilidade Empresarial que estava sendo introduzida na Faculdade de Direito São Francisco-USP, no departamento de Direito Comercial.

Percebi que os estudantes de Direito, já no primeiro ano, tinham bem definida a sua área de especialização: penal, comercial, civil, tributário etc.

Por ocasião de uma experiência, em uma faculdade de Medicina, também constatei que estudantes de primeiro ano já sabiam sua área de especialização: pediatria, ginecologia, geriatria, neurologia etc.

Como professor de Contabilidade, há décadas, tenho visto que, nos nossos cursos de Contábeis, há alunos que concluem o curso e ainda não fizeram a opção da área em que serão especialistas. Como afirmei, existem aproximadamente 50 especializações catalogadas para o profissional contábil exercer. A Figura 3.1 destaca as principais.

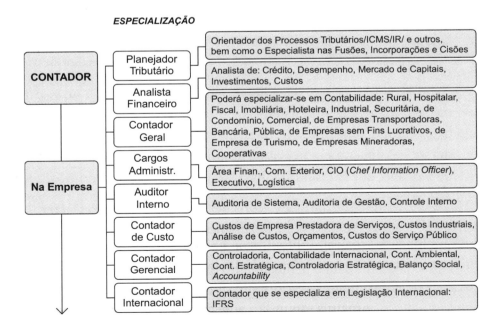

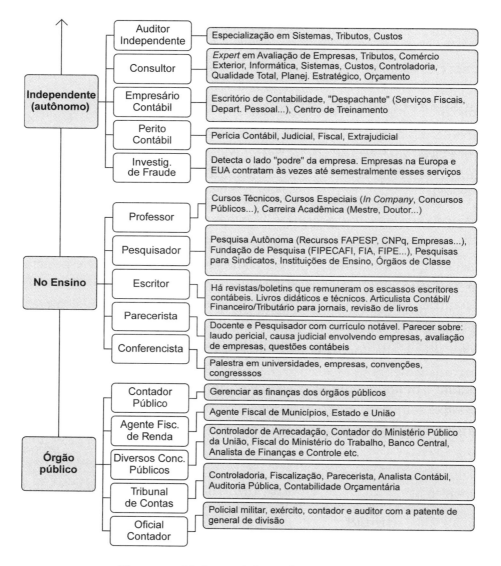

Figura 3.1 Visão geral da profissão contábil.

Na Resolução nº 560/1983 CFC, considerando os termos do Decreto-Lei nº 9.295/46, encontramos o estabelecimento das atribuições dos profissionais contábeis. Há uma lista com cerca de 50 atribuições que pode, com a Figura 3.1, contribuir para o planejamento da carreira.

Em outras cartas, mais adiante, falarei de algumas áreas mais atraentes.

CARTA 2
Faça da Tecnologia sua parceira

As parcerias são fundamentais para o sucesso profissional.

Quando iniciei meu mestrado em Contabilidade na FEA-USP, tive o privilégio de conhecer pessoalmente o Prof. Sérgio de Iudícibus, que, na época, era chefe de departamento.

Talvez pela nossa origem italiana, desenvolvemos uma amizade bastante sólida. Ele foi meu orientador de mestrado e, depois, de doutorado. Além de dar muitas dicas de planejamento para a carreira acadêmica, deu a oportunidade de fazermos o livro *Exercício de análise de balanços* em coautoria. Na verdade, se tive algum sucesso na minha carreira, devo muito a ele.

Novos parceiros foram surgindo: para livros, artigos, consultoria, pareceres, palestras e, até mesmo, para negócios.

Uma dessas parcerias, bastante marcante, foi com o orientado de mestrado na PUC-SP, Ricardo Rios, hoje doutor na área de Educação Contábil, diretor de uma faculdade em São Roque e um empresário bem-sucedido na área contábil. Fizemos em coautoria diversos livros de Contabilidade, cursos, palestras, artigos etc.

Em virtude de tantas especializações na área contábil (não podemos ser bons em tudo), as parcerias são sempre recomendáveis. Procure buscar os parceiros certos para ser bem-sucedido na sua vida profissional.

Parceria com a tecnologia

Em um ciclo de palestras na PUC-SP, no segundo semestre de 2019, eu e Ricardo Rios dissertamos sobre aspectos relevantes para a carreira do profissional contábil. Abordamos a necessidade de o profissional contábil estar alinhado com a tecnologia, acompanhando tudo o que se tem de mais novo.

O mundo passa por grandes transformações, provocadas pelo aumento exponencial da tecnologia. Há muito se sabia que a tecnologia iria causar grande impacto e revolução na história, mas muitos desses avanços ficavam apenas no campo da ficção, como podemos ver em diversos filmes: *Matrix*, *O Homem Bicentenário*, *A.I. – Inteligência Artificial*, entre outros. Ao assistirmos a esses filmes, imaginávamos se um dia talvez pudéssemos chegar próximo a esses cenários retratados. Possível, sempre é..., mas, ainda assim, parecíamos muito distantes.

O cenário foi se modificando de forma acelerada nos últimos anos, especialmente de 2007 até hoje. A indústria da tecnologia avançou muito mais do que antes e começou a produzir tecnologias cada vez mais consumidas por todos nós, a exemplo do surgimento dos *smartphones* que nos permitem acessar aplicativos para diversas de nossas necessidades, desde jogos, utilidades, ferramentas de trabalho, até meditação e relaxamento. Um mercado muito promissor e que vem crescendo cada vez mais. Hoje em dia, é muito comum vermos crianças já carregando seus *tablets* e aparelhos por aí.

Contudo, voltando a 2007, de acordo com publicação feita pelo conceituado jornal *The Washington Post*, retratando o crescimento de dados entre as décadas de 1960 a 2007, fruto de um artigo apresentado por Martin Hilbert e Priscila López, intitulado "The World's Technological Capacity to Store", a capacidade computacional cresceu 58% ao ano, as telecomunicações, 28% e o armazenamento de informações, 23% ao ano. O estudo mostra ainda que as telecomunicações estão sendo engolidas pelas tecnologias digitais. Os dados analógicos como papel, filmes, áudios, vinis e vídeos representavam, até 2007, 18,86 bilhões de *gigabytes*, já os dados digitais como discos rígidos portáteis, mídias digitais, leitores e mídias portáteis, servidores, *DVDs/Blu-ray*, entre outros, somavam 276,12 bilhões de *gigabytes*.

O estudo mostra que, em 2011, a humanidade toda tinha a capacidade de armazenamento de 300 *exabytes* de informação, o que corresponde, em termos comparativos, à quantidade total de informações constantes no DNA de uma pessoa, que, por sua vez, equivale a 80 bibliotecas de Alexandria. E, a cada 18 meses, a quantidade de informação no mundo dobrará.

Vejamos na Figura 3.2 o gráfico ilustrativo do *Washington Post*.

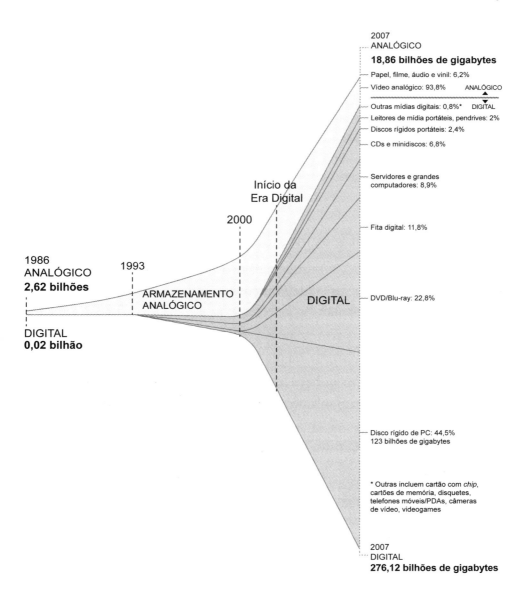

Figura 3.2 Crescimento da capacidade dos computadores: 1960-2007.
Disponível em: https://kk.org/thetechnium/the-amount-of-i/. Acesso em: 10 jun. 2020.

Em seu livro *Você, eu e os robôs*, Martha Gabriel nos ajuda a pensar de forma mais clara sobre toda essa avalanche de informações tecnológicas, apresentando um quadro do que não existia em 2006:

Iphone	Bitcoin
Ipad	Blockchain
Kindle	Square
4G	Instagram
Android	Snapchat
WhatsApp	Smart watch
Airbnb	Oculus
Uber	Spotify

Fonte: Gabriel, Martha. *Você, eu e os robôs*. São Paulo: Atlas, 2018. p. 36.

O que poderá acontecer nos próximos 14 anos?

Nossa proposta agora é tentar pensar o que teremos daqui a 14 anos. Como serão as tecnologias? Que avanços teremos e como eles poderão interferir em nossa existência?

Enfim, são perguntas sem respostas ainda. Enquanto isso, vamos a mais alguns dados sobre o consumo da tecnologia no mundo atual.

O *site Visual Capitalist* publica anualmente um infográfico demonstrando o que acontece em um minuto na internet. Vejamos os dados do ano de 2019 na Figura 3.3.

Nesse infográfico, podemos ver com clareza o grande volume de informações em apenas um minuto na internet. Como exemplo, mencionamos a Netflix, maior provedora global de filmes e séries de televisão via *streaming*. Em 2019 foram assistidas 694.444 horas por minuto. Já o Messenger e o WhatsApp foram responsáveis pelo envio de 41,6 milhões de mensagens por minuto. E assim por diante nos mais diversos tipos de mídia existentes.

Outro aspecto bastante importante de toda essa revolução digital é o crescimento da inteligência artificial. Ao contrário da lógica matemática, que deu origem aos computadores, a IA é totalmente orientada para a fisiologia humana, ou seja, tenta reproduzir não somente um comportamento inteligente, mas o próprio funcionamento do cérebro humano.

Seu surgimento e sua evolução estão mudando o mundo. Surgem novos desafios da ciência como os robôs, as impressoras 3D que são capazes de imprimir peças e componentes e até mesmo órgãos humanos. Uma nova

Cartas do Professor José Carlos Marion 121

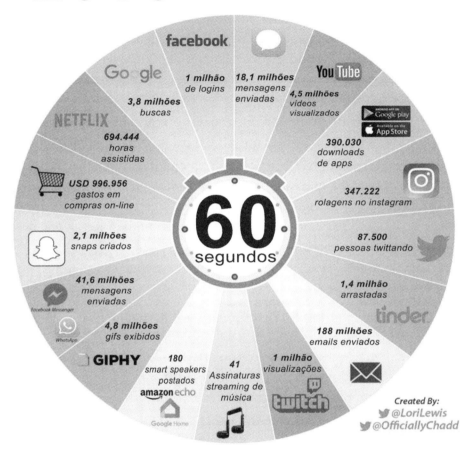

Figura 3.3 O que acontece na internet em um minuto: 2019.

Disponível em: https://www.visualcapitalist.com/what-happens-in-an-internet-minute-in-2019/. Acesso em: 20 jun. 2020.

revolução que está sendo chamada de Indústria 4.0. Mas, afinal, o que é a Indústria 4.0?

A Indústria 4.0 está baseada em alguns conceitos como internet nas nuvens (*cloud*), *big data*, mobilidade, segurança e internet das coisas (*IOT*).

Em resumo, pode-se dizer que *cloud* é o armazenamento de informações feito em nuvens (grandes servidores mundiais) que podem ser acessadas pelos seus usuários de qualquer lugar do planeta. *Big data* são grandes bancos de dados de informações, alimentados pelo nosso uso diário da tecnologia, são os chamados "rastros digitais" que podem ser minerados por grandes empresas para uso comercial. Mobilidade está apoiada no conceito do uso de forma móvel, ou seja, em qualquer lugar. Segurança está relacionada à proteção dos dados e informações pessoais e empresariais. E internet das coisas significa que objetos se comunicam entre si e com o usuário por meio de sensores e *softwares* em uma rede.

Tudo isso está transformando os negócios e, consequentemente, a geração de empregos e a forma como nos preparamos para o mercado.

A IBM lançou uma plataforma cognitiva chamada Watson, baseada na inteligência artificial e que está 100% focada em negócios. Ela já é utilizada para várias áreas como Medicina e Direito. Na área do Direito, os robôs já produzem petições para auxiliar pessoas que não podem pagar por defesa. O índice de sucesso é altíssimo.

No Vale do Silício, já existe uma pizzaria cujas pizzas são feitas e entregues 100% por robôs, a Zume Pizza.

Enfim, são muitos os avanços que impactam e impactarão ainda mais as profissões, mas e a Contabilidade? Será que sofrerá impactos? Será que acabará?

Evidentemente, como todas as outras áreas, a Contabilidade vem passando por um profundo processo de transformação, ainda que mais lento que em outros seguimentos, mas já bastante evidente.

São diversas as aplicações voltadas para o segmento contábil, os *softwares* já incorporam uma gama de novas ferramentas totalmente voltadas à simplificação do trabalho e eliminação de processos redundantes. Em muitos deles, é possível até mesmo criar um menu interativo, em que o usuário cria um roteiro com aquilo que faz passo a passo todos os meses. Uma vez criado, no mês seguinte, basta utilizá-lo em ordem sequencial. Dessa forma, o *software* ajuda a organizar e agilizar a rotina de trabalho mensal.

Outro ponto de destaque é o trabalho em múltiplas telas, algo impensado há anos e que facilita muito o dia a dia do profissional, podendo "navegar" pelo sistema de forma rápida e eficaz.

Tecnologia na Contabilidade

Contudo, esses avanços ferramentais de sistema ainda não significam nada perto de onde a tecnologia já está levando a Contabilidade. Já existem diversos estudos e *softwares* de otimização dos processos contábeis. Tudo aquilo que for repetitivo, ou seja, que se faz igual todos os meses, os robôs são capazes de reproduzir, bastando apenas que sejam programados para isso.

Processos que levavam dias para serem feitos por seres humanos, agora, são feitos em poucas horas pelos robôs. Muitos desses programas já estão em plena atuação, citando alguns exemplos: robô que acessa sozinho o *site* da receita federal e pesquisa a certidão negativa da carteira toda de clientes de uma organização contábil em poucas horas. Se algum problema for detectado, um *e-mail* é enviado ao contador e ao cliente. Atualmente, essa rotina é feita de forma mensal ou trimestral por organizações contábeis e um funcionário leva dias para checar todos os clientes. Outro exemplo ilustrativo, robô emissor automático de notas fiscais. Ele acessa a base de dados da prefeitura onde o contribuinte está estabelecido e, com as informações em planilhas feitas uma única vez, preenche mensalmente as notas fiscais. O processo leva em média 20 segundos por nota fiscal, um tempo muito inferior ao realizado pelo funcionário responsável.

Esses são pequenos exemplos do uso da tecnologia para a simplificação e a otimização do processo operacional, mas os avanços são ainda maiores. Já estão em testes os chamados *chatbots*, robôs que têm capacidade de conversar com nossos clientes. As conversas com solicitações e dúvidas são armazenadas e vão formando um grande banco de dados. Respondidas por humanos, em um primeiro momento, vão indicando ao *software* como responder à mesma pergunta da próxima vez. Dessa forma, à medida que o tempo vai passando, é possível que a máquina interaja sozinha com o cliente.

Parece assustador em um primeiro momento, mas, na verdade, não temos como fugir mais dessa realidade. Então, o conselho que fica é nos adaptarmos a ela.

Além de facilitar nossa vida, as tecnologias podem levar a uma mudança profunda de perfil do profissional da Contabilidade. Os trabalhos repetitivos serão feitos por robôs, a profissão será dimensionada para algo mais consultivo.

Os esforços do profissional da Contabilidade devem estar voltados para o uso da ciência na resolução dos problemas cotidianos empresariais. Deveremos nos tornar verdadeiros parceiros de negócios dos nossos clientes, ajudando-os a buscar mais eficácia, segurança e consequentemente resultados melhores.

Em recente pesquisa realizada pela Robert Half, empresa global de consultoria de recursos humanos, foram apontadas as características necessárias para o perfil desejado pelo mercado de trabalho da Contabilidade. O que chama a atenção é que, além dos conhecimentos técnicos – que todos devemos possuir –, são mencionadas habilidades como: boa comunicação, domínio de no mínimo dois idiomas – preferencialmente inglês e espanhol –, versatilidade, conhecimentos em tecnologia, saber trabalhar em equipe, habilidades em negociação, proatividade, interesse, espírito colaborativo e comportamento adequado e condizente com a empresa em que trabalha.

Pode-se verificar que o mercado procura algo além de um profissional que tenha apenas bons conhecimentos em Contabilidade, a busca é por um profissional mais eclético, com habilidades diversas e que tenha flexibilidade para adaptar-se a diversos cenários.

Retomando e respondendo às questões sobre a Contabilidade, ela sofrerá impactos causados pela tecnologia? A reposta é que ela já está sofrendo e ainda terá que se adaptar em novos outros cenários. A Contabilidade vai acabar? A reposta é não. Sempre precisaremos da Ciência Contábil, o que mudará é a forma como nós, profissionais da Contabilidade, a utilizaremos, não mais como mero instrumento de operações repetitivas para servir a poucos usuários, como o fisco, mas como instrumento de gestão e transformação.

Caberá aos profissionais da Contabilidade uma mudança de atitude, encarando a tecnologia como parceira para facilitar sua vida e a dos negócios, poupando-o de trabalhos operacionais rotineiros, proporcionando mais tempo para o desenvolvimento de suas habilidades de inteligência e conhecimento.

CARTA 3
Alguns desafios para o sucesso profissional do Estudante de Contabilidade

Um dos meus orientados de mestrado de Contabilidade, Sérgio Citeroni, na época (2013) sócio de uma grande empresa de auditoria (uma das *Big Four*), foi por mim desafiado a verificar as lacunas na formação de profissionais, oriundos dos cursos de Ciências Contábeis oferecidos por instituições de ensino superior brasileiras, na visão de uma universidade corporativa e como esta procura suprir tais deficiências.

Isso porque, em muitos eventos profissionais, desde seminários de âmbito nacional a atividades de entidades de classe, há discussões sobre a qualidade do profissional brasileiro, mais especificamente os recém-formados no curso de Ciências Contábeis. A razão para a inclusão do tópico qualidade do ensino contábil nesses eventos se dá pela preocupação crescente de executivos, representantes do mercado, órgãos reguladores, entidades de classe e outros interessados, no que se refere aos desafios já estabelecidos aos contadores ou aos formandos do curso de Ciências Contábeis.

A educação superior no País deve propiciar uma formação comprometida com as necessidades do mercado, capaz de promover o exercício do pensamento científico e crítico, em um processo mais amplo de construção de conhecimento.

Para tanto, foi desenvolvida uma pesquisa qualitativa, descritiva por meio de um estudo de caso na universidade corporativa da empresa de auditoria, tendo como base o seu próprio processo de recrutamento e seleção de profissionais, composto basicamente pelo recebimento de aproximadamente

100 mil currículos para uma seleção de 3 mil candidatos em São Paulo e mil candidatos no Rio Janeiro.

Os resultados obtidos levam a concluir que os conhecimentos dos profissionais candidatos para atuar na área contábil se mostram insuficientes frente à demanda da empresa e destacam o papel da sua universidade corporativa como uma das respostas à demanda qualitativa exigida.

A pesquisa desenvolvida por Sérgio Citeroni deu origem a um artigo que fizemos em conjunto, bem como um livro de sua autoria pela Editora Atlas, em 2015: *Universidade corporativa: contribuição na formação de profissionais na área contábil no Brasil*.

Universidade corporativa

A educação corporativa tem sido considerada cada vez mais relevante na educação continuada e na formação de profissionais. Na perspectiva da alta administração das empresas, a educação corporativa representa um investimento significativo na preparação de profissionais mais bem qualificados para desempenhar suas funções, pois estarão igualmente mais bem treinados em assuntos estratégicos para a empresa e assuntos técnicos que, teoricamente, não foram adequadamente estudados nas instituições de ensino ou durante a vida acadêmica.

Muitas empresas, por meio de seus sistemas de educação corporativa, estão desempenhando um papel fundamental nesse sentido, favorecendo o processo de formação de um novo perfil de trabalhador, capaz de refletir criticamente sobre a realidade organizacional, construí-la e modificá-la.

Segundo a Associação Brasileira de Tecnologia Educacional (ABT, 2013),[1] as universidades corporativas já vêm sendo discutidas há pelo menos 40 anos desde o lançamento da *Crotonville* em 1955, pela General Electric, mas o verdadeiro surto de interesse na criação de uma universidade corporativa, como complemento estratégico do gerenciamento, do aprendizado e do desenvolvimento dos funcionários de uma organização ocorreu no final da década de 1980.

---

[1] Associação Brasileira de Tecnologia Educacional – ABT (2013). *Universidade Corporativa*: Uma Educação Estratégica. Disponível em: http://www.abt-br.org.br. Acesso em: 18 out. 2013.

Nesse período, as organizações começaram a perceber que não podiam mais depender apenas das instituições de ensino superior para qualificar seus colaboradores e decidiram partir para criação de suas próprias "universidades corporativas", com o objetivo de obter um controle mais rígido sobre o processo de aprendizagem, vinculando de maneira mais estreita os programas de aprendizagem às metas e aos resultados estratégicos reais da empresa.

Embora tenha havido muito progresso nos últimos anos, a qualidade do ensino e a formação da Contabilidade deve ser reforçada a fim de apoiar o progresso global da profissão. Há um número estimado de mais de 1.200 programas de graduação oficialmente reconhecidos e ativos, mais de 20 programas de mestrado e poucos programas de doutorado nas universidades e faculdades brasileiras. Geralmente, os programas de graduação de alta qualidade são oferecidos por importantes instituições de ensino do País. A escassez de instrutores da Contabilidade qualificados contribui para uma perda da qualidade de programas de graduação oferecidos por muitas instituições de ensino superior.

Diante de algumas deficiências no ensino superior de Contabilidade, perguntamos: *os conhecimentos dos profissionais que se candidatam para atuar na área contábil se mostram insuficientes? Como uma universidade corporativa, frente à demanda por qualidade, procura suprir tais deficiências?*

Diante da demanda crescente de bons profissionais ou profissionais devidamente qualificados em Ciências Contábeis, reforça-se a convicção de que se faz necessário identificar lacunas ou medidas que, se adequadamente atendidas, sobretudo na percepção de uma universidade corporativa, podem representar melhorias nos cursos de Ciências Contábeis e, consequentemente, colaborar com a melhor formação de profissionais da área além de representar a relevância dessa pesquisa para a sociedade, principalmente pelo mercado demandante da área contábil.

Metodologia

A presente pesquisa é classificada como qualitativa quanto à sua natureza de melhor conhecer o fenômeno social referente ao conhecimento desejado dos profissionais que se candidatam para atuar na área contábil, bem como da atuação da universidade corporativa. É também classificada como de nível descritivo por descrever as características do referido fenômeno. Optou-se pela técnica do estudo de caso, com a finalidade de permitir maior aprofundamento dos aspectos relevantes ao estudo tanto com relação aos requisitos considerados no processo de recrutamento e seleção de profissionais para a área contábil como da organização de uma universidade corporativa de uma grande empresa que atua no mercado brasileiro de auditoria e consultoria contábil. De forma complementar, foi utilizada a análise documental de fontes primárias e secundárias, bem como a técnica de entrevista com o executivo responsável pela universidade corporativa da empresa.

Vale ressaltar que esse tipo de processo, de qualquer firma de auditoria e consultoria, é extremamente importante, pois, com o passar dos anos, poderá representar a continuidade das operações com sucesso e evolução. A identificação dos melhores alunos ou formandos representa para a firma, entre outros, os seguintes aspectos: melhores oportunidades na identificação de talentos; possibilidade de equipes mais bem formadas e de melhor desempenho; formação de profissionais mais completos e preparados para os desafios que a firma e o mercado estabelecem; melhores condições de atendimento e manutenção dos clientes; maiores e melhores alternativas de formação de lideranças e sucessão com o passar dos anos.

O processo de recrutamento e seleção é rigoroso e demandante. Abrange principalmente os recém-formados em Ciências Contábeis, Economia, Administração de Empresas, Ciências Atuariais, Direito, Engenharia, Tecnologia da Informação e Relações Internacionais; 2º, 3º e 4º anistas dos cursos superiores supracitados; indicativo de fluência em outras línguas estrangeiras.

Na primeira fase, todos os selecionados participaram de um teste de múltipla escolha, composto por 50 perguntas nas seguintes disciplinas: Português, Ciências Contábeis, Inglês e Lógica. Na segunda fase, além de entrevistas, o candidato foi solicitado a preparar uma redação sobre temas atuais.

Na segunda fase, fez-se a entrevista com o objetivo de levantar o cotidiano da empresa de auditoria, principalmente no estabelecimento de suas metas e objetivos, nas respostas às expectativas de instrutores e participantes e no controle qualitativo do programa de treinamento e educação continuada.

Análise e discussão dos resultados

Os gráficos das Figuras 3.4 a 3.7 foram adaptados do plano estratégico da empresa de auditoria e apresentam as médias das notas de Português, Lógica, Contabilidade Básica e Inglês separadas por curso superior, obtidas pelos candidatos que participaram do processo de recrutamento e seleção de profissionais tanto para São Paulo quanto para o Rio de Janeiro. Para ilustração, colocaremos apenas os gráficos de São Paulo, representados nas Figuras 3.4 a 3.7.

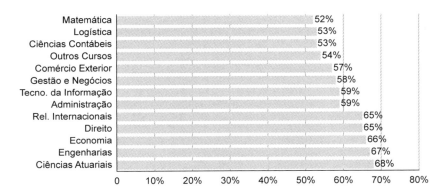

Figura 3.4 Média de notas de Português por curso – São Paulo.

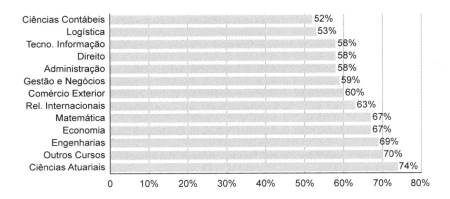

Figura 3.5 Média de notas de Lógica por curso – São Paulo.

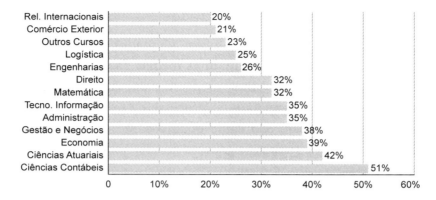

Figura 3.6 Média de notas de Contabilidade por curso – São Paulo.

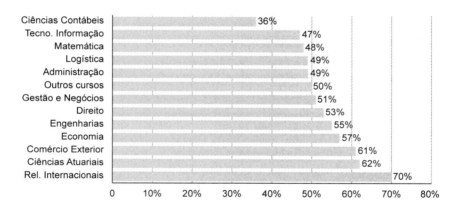

Figura 3.7 Média de notas de Inglês por curso – São Paulo.

Pela análise dos dados dos gráficos apresentados, entende-se que os profissionais de Contabilidade precisam melhorar a sua qualificação nas competências avaliadas no processo seletivo no que se refere a testes.

Nessas competências, os alunos de Contábeis têm a melhor classificação somente no teste de Contabilidade Básica e, mesmo assim, com um nível de acerto de 51%. Os resultados médios, em acerto nas demais competências, são:

- Português: 53%.
- Lógica: 52%.
- Inglês: 36%.

Pelos resultados obtidos, podem ser percebidos dois aspectos: são muito baixos os resultados de acerto nos testes e os alunos de Contábeis têm o pior resultado quando comparados com as demais profissões contratadas, com exceção no teste de Contabilidade Básica.

Nesse sentido, recomenda-se que outras competências, além dos conhecimentos em Contábeis, sejam desenvolvidas nos cursos de graduação para os alunos de Ciências Contábeis. Destaque para o resultado do teste de Português apresentado pelos alunos do curso de Ciências Contábeis, que ficou abaixo da média e pior que os resultados da grande maioria das médias apresentadas por alunos de outros cursos.

Considerações finais

Nessas competências, os alunos de Contábeis têm a melhor classificação somente no teste de Contabilidade Básica e, mesmo assim, com um nível de acerto de apenas 51%. Nas demais competências, os resultados médios de acerto são: Português, 53%; Lógica, 52%; Inglês, 36%. Como já estudado, por esses resultados podem ser percebidos dois aspectos: são muito baixos os resultados de acerto nos testes, e os alunos de Contábeis têm o pior resultado quando comparados com as demais profissões contratadas, com exceção no teste de Contabilidade Básica.

Outro aspecto importante, mas nem sempre valorizado pelas instituições de ensino, é a capacidade de redação e domínio da língua portuguesa. A média do teste de Português apresentado pelos alunos de Ciências Contábeis fica abaixo das médias apresentadas por alunos de outros cursos. Entretanto, do profissional de Ciências Contábeis é esperada uma boa capacidade de comunicação formal, pois essa habilidade é diariamente utilizada, por exemplo, na redação de descrição de procedimentos e controles internos, práticas contábeis e notas explicativas às demonstrações financeiras, documentos públicos, que exigem precisão, clareza e objetividade.

O pouco conhecimento sobre as práticas contábeis nacionais ou internacionais também representa importante lacuna na formação dos profissionais. Os conceitos de Contabilidade Básica, Intermediária e Avançada (CPC e IFRS) são insuficientes.

As habilidades não são menos importantes e exigem treinamentos contínuos para que os profissionais tenham melhores condições de trabalho, de relacionamento com equipes e clientes e de monitoramento do seu próprio desempenho.

O Departamento de Gerenciamento Financeiro e o Departamento de Operações e Serviços do Escritório do Banco Mundial no Brasil, região da América Latina e Caribe, por meio de pesquisa já apresentada anteriormente, observam a necessidade de melhorias nos cursos de Ciências Contábeis. O relatório sinaliza o progresso nos últimos anos, entretanto, chama a atenção para os métodos de ensino utilizados por instituições de todo o país, que estão deixando a desejar pela ausência de exercícios de criticidade, bem como de raciocínio analítico.

A introdução do exame de proficiência foi um passo significativo e positivo para o desenvolvimento da profissão contábil no Brasil. Entretanto, para fortalecer essa conquista, o conteúdo e o foco do exame de proficiência precisam ser atualizados, a fim de torná-los comparáveis com as melhores práticas internacionais, neste caso, a norma IES 6 (*International Education Standards for Professional Accountants* – Normas Internacionais de Educação para Contadores Profissionais), de "avaliação das capacidades e competências profissionais".

Assim, é possível compreender que a proposta de pesquisa sobre as lacunas que existem no curso de Ciências Contábeis na percepção de uma universidade corporativa teve seu êxito logrado pelas observações relevantes obtidas e que seguem resumidas:

- Ausência de pesquisas e estudos de caso por parte de todos os interessados, ou seja, professores e alunos; práticas ou procedimentos que deveriam ser obrigatórios em todos os anos da graduação superior e pós-graduação.
- Escassez de professores e doutores em Ciências Contábeis com apropriado conhecimento pedagógico e, principalmente, com experiência prática.
- Falta de atualização técnica do corpo docente.
- Ausência do uso de tecnologia.

- Inclusão, no currículo de Ciências Contábeis, de competências gerenciais relacionadas com comunicação, gestão de pessoas e relacionamentos com o mercado.
- Estudos adicionais sobre a língua portuguesa com ênfase em técnicas de comunicação comercial.
- Ênfase em estudos acerca de princípios contábeis estabelecidos pelo CPC, os quais já estão em consonância com as IFRS.

Sugere-se a necessidade de pesquisas adicionais sobre distintos assuntos, os quais estão intimamente relacionados com o estudo apresentado, que são, por exemplo: verificação de inconsistência entre as instituições de ensino no âmbito nacional, especificamente em relação à metodologia utilizada e à grade de disciplinas, com ênfase nos CPCs/IFRS; averiguação de possíveis benefícios na introdução de educação continuada obrigatória, a ser estabelecida por órgãos reguladores para os contadores, portanto, responsáveis pela preparação de demonstrações financeiras.

CARTA 4
Sete conselhos para você ser um profissional bem-sucedido

Na 9ª edição (2009) do nosso livro *Contabilidade básica*, com a necessidade de atualizar o livro em função da Lei nº 11.638, no apagar das luzes de 2007 e dos Pronunciamentos do Comitê de Pronunciamentos Contábeis (CPC), tomamos a decisão também de ampliar e modernizar esse livro.

Uma das iniciativas, na parte introdutória do livro (sugestões ao professor), foi incluir "Conselhos aos estudantes de Contabilidade para serem profissionais bem-sucedidos". Naquela edição, colocamos sete conselhos (inspirados na cultura de que o número 7 é o número da perfeição).

Hoje, passados mais de dez anos, com um cenário de revolução contábil no mundo todo, pergunto-me o que acrescentaria ou reformularia diante desta nova realidade (as propostas originais estão em itálico; em seguida, coloco as considerações atuais):

Análise dos conselhos originais

1. *Valorize a profissão: a) é a única com desemprego zero; b) tem dezenas de áreas de especialização diferentes; c) o mercado não tem preconceito de idade para essa profissão (as pessoas acima de 40 anos conseguem trabalho).*

Na virada deste século, como já disse na carta 1, fui convidado por uma faculdade que acabava de lançar o curso de Ciências Contábeis para sugerir algumas atrações do curso visando à preparação de um *folder* de divulgação. Nessa oportunidade, destaquei os três aspectos anteriores.

Atualmente, nas minhas palestras, acrescento outras vantagens para o profissional contábil:

- Um dos melhores cursos no que se refere a custo *versus* benefício.
- Os melhores salários entre os profissionais liberais. Muitas vezes, as pessoas valorizam as profissões nobres (Medicina, Engenharia, Direito etc.), mas poucos sabem que na área de *business* (incluindo a Contabilidade) estão os melhores salários.
- Alavanca o empreendedorismo. A experiência em assessorar clientes leva a oportunidades de montar seu próprio negócio, investir em outros negócios, em ações etc.
- Um excelente gestor do seu "Eu S.A.". O grande desafio é administrar a sua vida particular. Todos nós somos divididos em ativo e passivo. Quando olhamos para nós mesmos como uma empresa, somos mais bem-sucedidos como pessoa. Que bom que o profissional contábil detém a arte de bem informar não só os seus clientes, mas também a si próprio.

2. *Os professores de Contabilidade normalmente são profissionais bem-sucedidos. Aproveite o máximo deles, pergunte, busque conselhos. Dedique-se ao máximo em seu curso. Se você utilizar o trabalho de um professor como consultor, depois do curso, isso vai custar caro, em média, US$ 100,00 por hora.*

Vejo que o corpo docente dos cursos de Contabilidade é composto normalmente de profissionais contábeis muito bem-sucedidos no mundo dos negócios.

Tive professores que marcaram minha vida, minhas decisões, meu aprendizado. Havia professores a cujas aulas jamais podia passar pela minha cabeça faltar. Cada experiência que eles contavam em sala de aula eram pérolas que me traziam grande enriquecimento.

Hoje, a situação não é diferente. Somos privilegiados em ter especialistas no corpo docente que são ícones naquilo que fazem profissionalmente. Estão à nossa disposição em troca da mensalidade escolar (no ensino público são consultorias gratuitas).

Tive professores que se tornaram ministros de Estado, diretor do Banco Central, diretor da CVM, CEO de grandes empresas, empresários contábeis de sucesso etc. Que privilégio lembrar de seus ensinamentos que marcaram minha vida profissional. Mais ainda, vários deles contribuíram com conselhos pessoais que nortearam minha jornada como profissional da Contabilidade.

3. *Busque conhecimento paralelo a seu curso: marketing contábil (como ter sua marca); conheça pelo menos mais uma língua (de preferência inglês); seja bom na área de informática (domine internet, softwares contábeis, planilhas eletrônicas, bancos de dados...).*

O mercado tem uma demanda muito maior do que aquele conteúdo que recebemos em sala de aula (ou em EAD). Algumas vezes, essa demanda está correndo mais rápida do que aquilo que é oferecido na grade curricular.

Uma parte daquilo que você recebe em sala de aula estará defasado na sua formatura. Por outro lado, tópicos atuais praticados nas empresas por ocasião de sua formatura, você nunca viu em sala de aula.

Isso não significa que você deva buscar só conhecimento paralelo, mas também aquele conhecimento inovador que ainda não chegou em sala de aula. Quem tem o conhecimento detém o poder.

Uma pesquisa de uma empresa de recrutamento (Robert Hailf) mostra que o profissional contábil com conhecimento de inglês tem uma remuneração em média de cinco mil reais por mês maior que os que não dominam essa língua. Multiplique R$ 5 mil por 40 anos de trabalho, por 12 meses (ou 13, considerando o 13º salário). Considere o FGTS sobre esse adicional e veja em quanto seu patrimônio seria maior por ocasião de sua aposentadoria.

Esse é um investimento com taxa de retorno altíssima. Hoje é muito fácil fazer intercâmbio, fazer algum curso ou mesmo trabalhar em outro país, de preferência de língua inglesa. Creio que o período de um ano é suficiente para adquirir proficiência na língua.

O mundo está em constante transformação e o conhecimento interdisciplinar é fundamental para se ter sucesso. As empresas hoje em dia precisam do apoio de outras ciências para o seu desenvolvimento. O exercício da Contabilidade implica buscar em Economia, Psicologia, Finanças, Recursos Humanos e outras áreas subsídios para a produção, a interpretação e a análise de dados fundamentais para as empresas. Não é possível mais utilizar apenas um conhecimento estanque e desconectado dos demais.

Um exemplo disso foi a adoção das Normas Internacionais de Contabilidade (IFRS). Em várias delas, o profissional da Contabilidade, para que as aplique bem, deverá ter conhecimento em outras ciências como, por exemplo, Finanças. Quantas normas exigem cálculos e projeções como ajuste a valor presente, métodos quantitativos, projeções econômicas etc.

4. *Seja um pesquisador por excelência. Não aceite apenas receber tudo "mastigado" do professor. Na empresa não haverá mais professor e você terá que buscar, descobrir conhecimento. Faça da sua escola um laboratório.*

A busca constante de conhecimento diferencia os profissionais mais bem-sucedidos na área contábil. Essa busca já deve ocorrer simultaneamente ao curso de graduação. Não há tempo a perder.

Um método que nos estimula à pesquisa é a aula tipo seminário. Normalmente os alunos não a veem com bons olhos. Porém, quando você (ou seu grupo) é "forçado" a esse método de aula, aprende a pesquisar sobre o tema proposto, a sintetizar o que é relevante, a fazer relatório (normalmente um *paper*) e expor o assunto.

Isso acontece na prática de um profissional contábil como, por exemplo, em uma empresa, reunião da diretoria, assembleia etc. O profissional contábil tem que estar atualizado, saber sintetizar as informações relevantes, escrever relatório e comunicar verbalmente, com didática, a saúde econômico-financeira da empresa.

A pesquisa nos ensina a termos uma postura de pensador crítico (não "Maria vai com as outras"), a resolver problemas e buscar soluções (e não copiar conhecimentos alheios, não meramente memorizar normas e tributos), adquirir habilidades e inovar.

Para avaliar se você realmente está pesquisando, pense em novas descobertas (*Discovery*, coisas inéditas); integração com outras áreas de conhecimento (*Integration*, acumular conhecimento juntando áreas como Direito, TI, Administração, Economia, Métodos Quantitativos etc.); aplicação prática desses novos conhecimentos (*Service*, como operacionalizar nas empresas, no dia a dia profissional); e como transmitir esses conhecimentos (*Teaching*, métodos de ensino para transmitir para seus pares, subordinados, discípulos etc.).

A Ciência Contábil é muito rica e surgem a cada época novos desafios impulsionados pela evolução da sociedade. Por exemplo: empresas que cada vez mais são intangíveis, a exemplo da Uber, Airbnb, entre outras. Como avaliá-las corretamente? Como mensurar a empresa com maior frota de veículos do mundo e que não tem nenhum veículo em sua contabilidade? São questões que instigam pesquisa e estudos, que estão abertas no mundo e que podem ser exploradas por qualquer pesquisador dedicado.

5. *Há áreas de conhecimento que serão decisivas, além da Contabilidade, em seu sucesso profissional: métodos quantitativos (Matemática e Estatística), disciplinas afins (Administração e Economia), Legislação (Direito) etc. Dedique-se ao máximo.*

Conhecimentos como Matemática e Estatística, entre outras áreas, são indispensáveis para a carreira do profissional contábil.

Embora a Contabilidade seja uma ciência social (e não uma ciência exata), métodos quantitativos são as principais ferramentas no exercício dessa profissão. Não dá para pensar em auditoria, custos, orçamentos, atuária, *goodwill*, avaliação de ativo, contabilidade gerencial, planejamento tributário etc. sem experiências relevantes em números.

Podemos imaginar a Contabilidade dos nossos ancestrais, quando não havia números (números arábicos, decimais como temos hoje), escrita (há quem diga que é bem provável que a escrita foi inventada por um contador com objetivo de relatar as informações) e moeda (denominador comum monetário). Que loucura pensar nisso.

Estas três necessidades da Contabilidade (números, escrita e moeda) levam-nos a buscar constantes conhecimentos em Matemática e Estatística (números), Português e línguas (escrita para desenvolver os relatórios) e Finanças e Economia (moeda), como já dissemos, entre outras especializações.

A raiz do termo *Contabilidade* é o verbo *contar*. Vamos encontrar no dicionário diversos significados para esse verbo. Todavia, os três mais importantes são: (a) contar, no sentido de relatar, narrar (relatórios, escrita); (b) contar, no sentido de fazer conta, calcular, computar (números, no sentido algébrico); (c) contar, no sentido de prestar contas (*accountability*), de responsabilidade ética, transparência, confiança, governança, controladoria etc. (tudo isso envolve cifras, moeda).

Acrescentamos a este conselho a área da tecnologia. É de extrema importância e necessidade que os profissionais da Contabilidade sejam e estejam atualizados constantemente e de forma ampla nos recursos mais avançados de tecnologia. Esse conhecimento poderá fazer a diferença de seu sucesso no mercado de trabalho contábil. Se conhecerem a tecnologia e utilizarem as ferramentas mais avançadas, poderão simplificar seu trabalho, reduzir custos e ter um grande diferencial competitivo. Vejam na carta 2, que escrevi sobre a parceria com a tecnologia e quanto ela está impactando a profissão contábil.

6. *Aprenda a ser desinibido, a falar bem: participe dos seminários (o contador é a pessoa que mais fala para induzir às decisões certas na empresa), manifeste opinião na sala de aula, leia um jornal diariamente e revistas de negócios. Fique atento aos professores que se expressam bem. Use dicionário várias vezes na semana.*

Não dá para pensar em um profissional contábil tímido, com dificuldade de se expressar, com ideias confusas. Falar em público é inerente à profissão contábil. Cursos como oratória, teatro, métodos de ensino (andragogia, isto é, ensino para adultos), comunicação etc. são necessários. Eu diria indispensáveis para o sucesso profissional. O livro *A arte de ensinar*, de Gilbert Highet, é leitura obrigatória para desenvolver o potencial de comunicação que cada um já tem.

7. *O mercado não vê com bons olhos o "clínico geral" (o que sabe de tudo um pouco). Procure especializar-se, concentrar esforços em uma atividade contábil em que você tenha mais dons (durante o curso, esses dons serão despertados): auditor (interno ou externo), planejador tributário, atuário, carreira acadêmica, concurso público, consultor, investigador de fraudes, empresário contábil, analista (financeiro, de crédito, de investimento), pesquisador contábil, escritor contábil etc.*

Quem faz Administração e Contabilidade tem uma identificação com o mundo dos negócios (*business*), porém, todos temos dons, virtudes, aptidões, talentos para ramificações dessas duas ciências.

Por exemplo, já no ensino fundamental, eu me via escrevendo. Fazia "jornaizinhos" manuscritos, que passavam de carteira a carteira e retratavam as competições futebolísticas entre classes, "fofocas" e namoros, entrevistas com alunos mais em evidência etc.

Ao perceber que tinha perfil para a área de Negócios, indaguei a mim mesmo como ficaria o dom de escrever. Ainda que não seja um bom escritor, porém, vi na profissão contábil uma necessidade enorme de escritores de livros, artigos, resenhas etc.

Este é um exemplo de quase 50 outras possibilidades. Esse planejamento de carreira deve ser introduzido na graduação. Primeiro precisamos "sonhar" para, em seguida, planejar em como atingir aquele sonho.

CARTA 5
Contabilidade Mental

Não existe prêmio Nobel para a Contabilidade, nem para a Administração. Essas duas áreas são contempladas pelo Prêmio Nobel da Economia.

Neste século tivemos pelo menos dois Prêmios Nobel da Economia que tratam de tomada de decisão (relacionado com Contabilidade) no campo da pessoa física: Daniel Kahneman, em trabalhos em coautoria com Amos Tversky em 2002, e Richard Thaler,[1] em 2017, por seus estudos dedicados às Finanças Comportamentais ou àquilo que chamamos de Contabilidade Mental.

Quando se trata de decidir o destino de seus recursos, ou captação destes, a pessoa física nem sempre toma decisões racionais. Essa área financeira das pessoas é tão relevante nos dias atuais que várias categorias de profissionais tentam contribuir para melhorar a satisfação da difícil missão de lidar com o dinheiro.

Há psicólogos que analisam os fatores que contribuem para se tomarem certas decisões e a reação das pessoas diante dos resultados. Encontram-se hoje consultores na área da Psicoeconomia que ajudam as pessoas a entender as razões de certas decisões na área financeira, principalmente com os erros recorrentes. Essa área é tão fundamental, que se criou, inclusive no Brasil, a Associação Internacional para Pesquisa em Psicologia Econômica.

Nos EUA, encontram-se, por exemplo, centros de pesquisa nessa área, como o laboratório de Neuroeconomia do Instituto de Tecnologia da Califórnia (CalTeck). Os economistas, mais voltados para os modelos matemáticos, buscam fórmulas para maximizar o bem-estar das pessoas por meio de decisões racionais e análise de erros a fim de correção de rumo.

---

1 Thaler, Richard. Mental Accounting Matters. *J. of Beh. Dec. Making*, 12, p. 183-206, 1999.

Daí vem a expressão *Homo economicus*, que contempla a racionalidade nas decisões para se obterem maiores benefícios.

Os administradores evoluíram consideravelmente no campo das finanças. Ao cuidarem das finanças pessoais, esses profissionais têm estudado o que se denomina "finanças comportamentais", considerando as decisões complicadas que o ser humano toma frequentemente diante de raciocínios nem sempre racionais.

Em parte, profissionais da Sociologia, da Matemática Financeira, da Estatística etc. têm contribuído para construir o modelo ideal do *Homo economicus*. Porém, uma pergunta se faz necessária: como tem a Contabilidade, como uma ciência decisorial, voltada para o papel de bem informar (para bem se decidir), contribuído para esse processo?

Estudiosos afirmam que a Contabilidade é um patrimônio da humanidade e sua atuação é fundamental para o desenvolvimento e a sobrevivência da sociedade. Assim, imaginamos como seria o mundo sem a Contabilidade, sem informações oportunas e com qualidade que propiciam a racionalidade nas tomadas de decisões?

Antes do seu Prêmio Nobel em 2002, Thaler (1999) fez publicações sobre educação financeira citando uma teoria chamada "Contabilidade Mental", pela qual se pressupõe que as pessoas deveriam organizar sua mente, seu raciocínio, em modelos decisoriais, visando tomar decisões econômico-financeiras à semelhança de uma empresa bem-sucedida por ter um excelente sistema de informação.

Pesquisas recentes sobre assuntos ligados a dinheiro mostram que o cérebro do consumidor funciona de forma bem diferente do que se pensava: a emoção concorre em igualdade de condições com a razão e, frequentemente, a sobrepuja. Essas pesquisas mostram que, para não atrapalhar a expectativa da satisfação, o córtex pré-frontal médio do cérebro, onde se processam os cálculos racionais, fica temporariamente desativado. Assim, muitas vezes, o impulso emocional prevalece.

Será que um processo de educação financeira de longo prazo, desde a infância, baseado em consistência e repetição, propiciará a racionalidade nos alunos para a decisão econômico-financeira? Os membros da International

Association for Citizenship, Social and Economics Education (IACSEE) acreditam que atingir o *Homo economicus*, que tomada de decisões racionais é plenamente possível, desde que se eduque para essa missão.

Uma coisa é certa: em função da extensão do ciclo de vida (expectativa de vida que pode chegar em pouco tempo a cem anos), é fundamental que cada ser humano gerencie sua vida com o "Eu S.A.", melhorando sua capacidade de agir no presente para ter qualidade de vida no futuro.

Por que o cérebro necessita de gerenciamento

Estudos científicos demonstram que as emoções têm papel importante em um cérebro consumidor, gastador, perdulário, sem nenhum comprometimento com critérios racionais que orientam os gastos, as compras e as decisões financeiras.

Como já vimos, a região do cérebro córtex pré-frontal médio é que processa os cálculos racionais na área da decisão, por exemplo, se vai ou não fazer uma compra. Ela compara os benefícios que o produto a ser adquirido vai proporcionar com os benefícios futuros que o dinheiro a ser gasto traria se aplicado para um outro fim.

Gastar mal, além das contas, sem critério, sem racionalidade são atitudes que podem acontecer com qualquer um. Decisões meramente impulsivas que trazem prejuízos em relação às finanças pessoais, à administração do fluxo de caixa, são realidades que nos afetam atualmente.

Essa possibilidade de engano financeiro, segundo estudiosos, mostra que processos cerebrais associados às decisões que envolvem dinheiro, muitas vezes, trazem transtornos às famílias, provocando conflitos, desunião, separação e outros males. Estudo realizado por economistas e psicólogos das universidades Carnegie Mellon e Stanford e do Instituto de Tecnologia de Massachusetts, nos Estados Unidos, trouxe uma luz para se buscar paz financeira nos lares.

A lógica de buscar equilíbrio financeiro ou de usar o dinheiro futuramente para melhor aquisição ou investimento é totalmente desmontada, por muitos dos pesquisadores, pela satisfação imediata de fazer uma compra principalmente pelo uso de cartão de crédito ou cheque pré-datado. O pior é que, muitas vezes, as pessoas, influenciadas pelas fortes emoções, acham que estão sendo guiadas pela razão. As próprias estratégias do mercado vendedor têm apelos fortes para essas induções.

Decisões financeiras por impulso, o forte apelo do mercado, a pressa somada à redução de tempo do homem moderno, entre outras variáveis, fazem com que, cada vez mais, tenhamos necessidade de gerenciar criteriosamente nossas decisões nos padrões racionais de utilidades, projeções, cálculos, comparações de benefícios, resultados futuros, administração de caixa e investimentos... Aqui, estamos tratando de Contabilidade Mental.

Estaria a Contabilidade como ciência, como uma área de conhecimento, contribuindo para uma das maiores preocupações da sociedade moderna? A Contabilidade poderia contribuir, por exemplo, para as decisões das pessoas físicas, propondo modelos racionais em paralelo às variáveis emocionais?

Contabilidade como ciência

A Contabilidade, como campo de conhecimento, é uma das ciências mais antigas (fala-se em mais de 6 mil anos a.C.). Ela surgiu em um cenário bastante prático, considerando a necessidade que as pessoas tinham em tomar decisões na área econômica. Aliás, a importância da Contabilidade, como já vimos, está relacionada ao desenvolvimento e à própria sobrevivência da sociedade.

O homem, ambicioso por natureza, empreendedor, gestor de bens e recursos, sempre envolvido com os eventos econômicos, jamais abriu mão dessa área de conhecimento. Aqui se destaca o caráter extremamente utilitarista da Contabilidade.

Tratamos a Contabilidade como ciência social, já que ela é um produto do meio, acompanhando as mudanças sociais, a evolução do homem. Não é, ao contrário do que muita gente pensa, uma ciência quantitativa, embora utilize em larga escala os métodos quantitativos, tendo como principais instrumentos a Matemática e a Estatística.

A Ciência Contábil, assim como as demais ciências, deve ser capaz de estabelecer relações entre causas e efeitos, além de dar ao campo de conhecimento e ao universo dos eventos nele contido um amplo guarda-chuva conceitual.

Nessa vestimenta científica, a Contabilidade chega à era do conhecimento e da informação em um contexto de grande avanço tecnológico e de valorização extrema do capital intelectual, sendo o mais importante campo de conhecimento na área decisorial. Nessa condição, ela se beneficia e empresta conhecimentos não só da área quantitativa, como também das áreas tecnológica, econômico-financeira, psicológica, jurídica, administrativa, sociológica etc.

Ainda que a Contabilidade, como instrumento decisorial, a princípio, tenha surgido das necessidades das pessoas, ela vai atingir seu ápice em ambientes econômicos complexos com o crescimento das organizações e a alavancagem no mundo dos negócios a partir da Revolução Industrial.

Assim, o foco da Contabilidade, em determinado momento da história, deixa de ser pessoas físicas e passa a ser as empresas, as organizações. Nesse ambiente ela torna-se eficiente e indispensável, no seu modelo consagrado, ao registrar os fatos ocorridos nas organizações, constituindo um banco de dados que produz informações úteis e imprescindíveis no processo decisório.

Mais recentemente, a Contabilidade assumiu o desafio de estruturar modelos de mensuração aplicáveis a eventos futuros, utilizando-se de estimativas, modelos matemáticos e estatísticos, comportamentos, tendência de cenários econômicos, riscos e outras variáveis. Com esses ingredientes, a Contabilidade participa de todas as etapas do processo decisorial: planejamento, execução e controle.

O que se quer dizer com isso é que a Contabilidade, como ciência, tem cumprido sua missão nos complexos econômicos, com foco nas organizações, empresas, pessoas jurídicas, países etc. Porém, deixa um vazio quando se trata de indivíduos, pessoas físicas e, consequentemente, famílias.

Só que essas complexidades dos cenários econômicos têm, nos nossos dias, alcançado também a gestão pessoal, a gestão de filhos, a gestão de família. Em outras palavras, a pessoa física, hoje, como já dissemos, precisa tomar decisões relevantes para atender a suas necessidades estratégicas e operacionais.

Essa necessidade leva ao desabrochar da Contabilidade Mental, com ênfase principalmente na pessoa física, que não está coberta pelo guarda-chuva conceitual da Teoria da Contabilidade. Aliás, várias áreas de conhecimento parecem querer assumir a paternidade desse conceito emergente que é a Contabilidade Mental, voltado para finança comportamental.

Na verdade, a Contabilidade Mental, como será visto, envolve modelos mentais, percepções, situações específicas, emoções, experiências anteriores e outras variáveis (as quais muitas vezes fogem à racionalidade decisorial) que necessariamente demandam conhecimentos de outras áreas.

A teoria da Contabilidade Mental

A teoria da Contabilidade Mental propõe essencialmente que as pessoas executem "mentalmente" operações de Contabilidade organizadas como fazem as pessoas jurídicas e que lhes permitem organizar e avaliar as suas decisões econômico-financeiras.

Thaler (1999), possivelmente aquele que mais catalogou exemplos nessa área, é um economista americano que, ao longo de sua carreira, foi incorporando Psicologia ao mundo dos números, entrando na Economia Comportamental, uma linha que aplica conceitos da Psicologia à tentativa de racionalização da Economia. Em seus trabalhos, tem usado o termo *mental accounting* (ou Contabilidade Mental) como "o processo inteiro de codificação, categorização e avaliação de eventos (valor, abertura e fechamento de contas mentais)".

Na verdade, as pessoas usam processos diferentes para formular seus problemas envolvendo aspectos monetários. Elas usam Contabilidade Mental distinta para cada situação, porém, sempre visando maior bem-estar.

Nossa mente é poderosa ao fazer manobras que fogem das racionalidades ideais para ditar rumos de melhores decisões. Operações financeiras podem estar respaldadas na nossa mente por emoções fortes que, embora não tenham harmonia ou racionalidade desejada, tragam satisfação e sejam muito bem justificadas.

A chamada Contabilidade Mental está ligada à teoria comportamental em que pode haver desvio de preferências de pessoa para pessoa. Uma das variáveis que afetam as decisões é o enfoque que cada pessoa dá ao risco.

Com base nessa ideia de Contabilidade Mental, pressupõe-se que as pessoas criam em suas mentes contas virtuais que provocam decisões, às vezes, isoladas, podendo gerar ineficiência em relação ao conjunto. Um dos exemplos dos autores é o de um pai que, ao abrir uma poupança para o filho, pode, em determinado momento, estar contraindo empréstimo para saldar um compromisso cujos juros sejam bem maiores que o rendimento da poupança. De maneira geral, a Contabilidade Mental caracteriza-se por separar os componentes de um quadro total.

Thaler (1999) conta um divertido exemplo da vida real de Contabilidade Mental. "Um professor de Finanças conhecido dele tem uma estratégia sagaz para se conformar com os pequenos infortúnios. No início do ano, o professor planeja uma doação generosa para sua instituição de caridade favorita. Todos os contratempos ocorridos durante o ano – um ingresso extraviado, a reposição de um objeto perdido, um pedido indesejado por um parente em dificuldades – são, então, debitados da conta de caridade. O sistema torna as perdas indolores, pois a instituição de caridade é que paga. A instituição acaba recebendo o que sobrar na conta." Assim, Thaler nomeou o amigo como "primeiro Contador Mental autorizado (reconhecido) do mundo".

A ideia de se ter uma conta mental para cada situação faz com que muitas vezes se consuma forçosamente um bem ou serviço comprado individualmente para satisfazer o binômio custo *versus* benefício. Gonçalves (2004)[2] diz que, "segundo a teoria da Contabilidade Mental, quando um produto ou serviço é comprado e, por algum motivo, deixa de ser consumido, o comprador deve fechar a conta mental correspondente com saldo negativo. Isto é, ele deve abandonar o dinheiro gasto na compra sem desfrutar o benefício. Isso leva a uma sensação de perda, à qual está associada uma dor psicológica. Quando a transação é realizada por meio de pacotes de preços, o consumidor pode abrir mão de uma unidade do produto ou serviço sem ter de reconhecer completamente a perda, pois uma unidade do pacote não está diretamente associada a um valor monetário, reduzindo a atenção do consumidor aos custos irrecuperáveis".

Assim, pela Contabilidade Mental, os serviços comprados em pacotes (por exemplo, turismo) podem reduzir o nível de arrependimento, de percepção de desperdício e outros sentimentos de perdas, quando uma das partes não for consumida ao nível esperado. Nessa hipótese, a intenção de recompra pode ser maior no caso de pacote, tornando-se um fator psicológico no aspecto mercadológico.

---

2 Gonçalves, Dilney Albornoz. *A Influência dos Pacotes de Preço na Decisão de Consumo de Serviços*. 2004. Dissertação (Mestrado) – Escola de Administração – UFRS, Porto Alegre.

Estudiosos sobre o assunto afirmam que a força da relação entre pagamento e benefício da Contabilidade Mental desempenha importante papel no comportamento dos consumidores, ou seja, é possível reduzir a pressão psicológica que estes enfrentam diante do risco de fechar uma conta mental com prejuízo. Por exemplo, pagando-se adiantado semestralmente uma academia, a chance de ele frequentar regularmente é maior (para não perder dinheiro).

A Contabilidade Mental tem também como objetivo avaliar as características comportamentais que afetam a tomada de decisão. Uma das variáveis não racionais que interferem nas tomadas de decisões é o que denominamos de aversão míope a perdas. Constata-se que há maior sensibilidade a perdas que a ganhos. Por exemplo, em uma rodada de baralho em que se ganha R$ 200 em uma primeira partida e a mesma pessoa perde R$ 80 na segunda, parece que a perda atinge as emoções mais aguçadamente (embora ainda esteja havendo um lucro de R$ 120).

Um dos aspectos fundamentais considerados na Contabilidade Mental é a teoria do arrependimento, que lida com a reação das pessoas que constatam que tomaram uma decisão errada. Essa teoria afeta consideravelmente novas decisões. Por exemplo, um mau negócio na compra de ações de uma empresa específica pode afetar as decisões de investimentos futuras. Há uma tendência do investidor em dividir seus ativos em classes distintas, atribuindo importâncias distintas. Nesse caso, as aplicações em fundos podem reduzir o sentimento mental no fechamento das contas.

Bernstein (1997)[3] trata o assunto Contabilidade Mental no tema *riscos*. Escolhas incoerentes (não necessariamente incorretas) assumem a forma denominada de Contabilidade Mental, "um processo em que separamos os componentes do quadro total. Com isso deixamos de reconhecer que uma decisão que afeta cada componente exercerá um efeito sobre a configuração do todo. A Contabilidade Mental compara-se a focalizar o buraco em vez da rosca. Ela leva respostas conflitantes à mesma pergunta".

Na carta seguinte (6), daremos alguns exemplos das decisões que levam em conta mais a emoção que a racionalidade.

---

3 Bernstein, Peter L. *Desafio aos Deuses*. Rio de Janeiro: Campus, 1997.

CARTA 6
Alguns exemplos de Contabilidade Mental (*Coaching* Contábil?)

Como vimos na carta 5, as contribuições de Thaler contemplando análises econômicas comportamentais envolvem aspectos psicológicos na tomada de decisão financeira de cada pessoa. Na verdade, suas pesquisas ampliaram as descobertas de Kahneman, uma vez que são enriquecidos os conceitos de Finanças Comportamentais pelas teorias econômicas e contábeis no campo decisorial.

Esses ganhadores do Prêmio Nobel confirmam quão relevantes são as decisões racionais quando se trata de decidir o destino dos recursos, ou captação destes, pelas pessoas, considerando os aspectos comportamentais Essa área econômico-financeira das pessoas é tão relevante nos dias atuais que várias categorias de profissionais tentam contribuir para melhorar a satisfação da difícil missão de lidar com dinheiro: administradores, contadores, economistas, psicólogos, matemáticos financeiros, sociólogos etc.

Os administradores, particularmente, evoluíram consideravelmente no campo das Finanças. Ao cuidarem das finanças pessoais, esses profissionais têm contribuído no campo das "Finanças Comportamentais", considerando as decisões complicadas que o ser humano toma frequentemente diante de raciocínios nem sempre racionais.

Mais recentemente, notamos o surgimento de profissionais em *Coaching* (muitos ligados à Administração), que em sua maioria reúne conhecimentos de diversas ciências ou especializações, além da Administração, tais como: Psicologia, Economia, Gestão de Pessoas, Recursos Humanos, Finanças, Planejamento Estratégico, Neurociência etc.

A prática do *Coaching* tem ajudado a desenvolver pessoas na busca de desempenho e resultados extraordinários. Ela é aplicada em diversos contextos como quebrar crenças, adquirir autoconfiança, melhoria profissional (carreira), financeira, social e até mesmo familiar e espiritual.

No que tange ao *Coaching* Financeiro, o objetivo é a mudança de mentalidade na relação com o dinheiro causando uma alteração positiva no julgamento, crenças, decisões, comportamentos e hábitos financeiros, alinhando aos objetivos e valores de cada pessoa que passa por esse processo.

Esta especialização do *Coaching* visa ao desenvolvimento das pessoas na gestão do dinheiro, considerando as deficiências e os comportamentos viciados que têm afetado um número enorme de famílias no Brasil e no mundo.

Existe *Coaching* Contábil?

Uma pergunta inicial que faríamos é se a área de Finanças (já que existe a especialização do *Coaching* Financeiro) está mais afim à Administração ou à Contabilidade? No Brasil, tratamos com uma área da Administração. Porém, há faculdades em alguns países que tratam como área de afinidade à Contabilidade.

Não há consenso nisso e não importa entrarmos nesse assunto, já que não muda nada o contexto de cada área de conhecimento. Na verdade, Contabilidade e Administração são ciências irmãs e decisivas, preponderantes, insubstituíveis no mundo dos negócios. Uma precisa da outra, ou melhor, uma não pode viver sem a outra.

A palavra *coaching* é derivada de *coach*, que significa treinamento no sentido de orientação, desenvolvimento humano. Por exemplo, alguns chamam de *Coaching* Educacional visando preparar estudantes para a profissão certa e para sua carreira universitária.

No ponto de vista do contador, há muito com que se contribuir para os clientes, os usuários da Contabilidade. Por exemplo, os escritórios de Contabilidade (mais de 60 mil no Brasil) podem, além das atividades burocráticas, contribuir como conselheiros plenos para o sucesso, principalmente de micro, pequeno e médio empresários. Sabemos que a grande mortalidade dessas empresas se deve a problemas culturais e educacionais desses empresários. O perfil desses empresários, com poucas exceções, é de ser avesso a tomadas de decisões principalmente na área financeira. Aliás, nesse aspecto, vemos uma grande transformação pela qual começam a passar as organizações contábeis. Elas terão que, em um futuro não distante, estar voltadas mais às questões consultivas, de apoio e parceria ao cliente do que de prestação e serviços em questões burocráticas e fiscais. Os clientes já começam a exigir isso e necessitar dessa parceria.

Porém, o nosso objetivo, nesta carta, relacionando-se com os dois prêmios Nobel citados, é voltar para um exercício de *Coaching* para pessoas físicas. Citaremos situações bem simples que mostram uma triste realidade cultural no Brasil. Os exemplos levam em conta o quanto as emoções prevalecem sobre a racionalidade.

Comprar ou alugar imóvel

Ouço muito de pessoas que dizem que seus pais (ou avós) trabalhavam com a ideia de que o primeiro investimento a ser feito deveria ser em uma casa própria, mesmo que seja financiada em longo prazo. "Melhor é pagar financiamentos longos para aquilo que vai ser seu do que pagar aluguel", dizem essas pessoas.

O imóvel residencial, pelo menos a princípio, considerando uma população mais jovem, pode ser visto como um ativo duplamente ruim (não gera fluxo de caixa – renda –, mas gera passivo constantemente para o orçamento pessoal). Nenhum autor ou *expert* de finanças, que eu conheço, diz que pagar aluguel é pior que financiar (principalmente, como já disse, para uma população mais jovem). Também nunca vi uma bibliografia com base científica citar que comprar um imóvel residencial nessa base é um bom negócio. O lado emocional, porém, diz que ter um abrigo definitivo é a melhor coisa do mundo: "quem casa, quer casa", ainda que possa ser um mau negócio financeiro. Nesse caso, chamamos de efeito manada, onde somos levados a crer que, se um grupo grande de pessoas tem essa atitude, ele está correto, ou seja, a maioria não pode estar errada.

Poupança e investimento

Nossos pais têm dado bons conselhos como poupar, lutar contra a tendência emocional de consumo etc. O equívoco, todavia, observado aqui é que a maioria prefere aplicar em caderneta de poupança (talvez associando o termo "poupar" com caderneta de poupança). Para alguns, é um dos investimentos mais seguros, com liquidez e de fácil manuseio. Algo a que a maioria dos investidores desse tipo de investimento não tem atentado é que, no *ranking* de rentabilidade, há muitos anos, caderneta de poupança tem estado em último lugar. Normalmente, esse investimento garante a manutenção do capital investido, sem perspectiva de agregar lucros ao investidor. Como deveríamos nos sentir em aplicar sempre no "pior" tipo de investimento de rentabilidade? Porém, o lado emocional nos leva a pensar em um risco reduzido de perder o capital investido. Aversão à perda e aversão ao arrependimento são duas variáveis que podem fazer parte do conflito interno da pessoa na decisão.

Aplicações em casa de praia, sítio, áreas de lazer, piscinas..., quase sempre, não podem ser chamadas de investimentos. Elas geram tantas despesas que a maioria sequer prefere registrar esses gastos. Se, principalmente, a classe média canalizasse essas aplicações para os chamados ativos bons, além de capitalizar e engordar seus lucros, com parte dos rendimentos, poderia planejar lazeres e viagens diversificados, agregando maior prazer.

Digo classe média pois os ricos podem se "dar ao luxo" de desperdiçar parte dos seus rendimentos com "caprichos onerosos". O pior é que deixar esses bens para herdeiros é deixar passivos de herança, em que muitas vezes precisarão vender parte desses bens a fim de garantir o fluxo de caixa para manutenção dos bens herdados. O lado emocional, entretanto, indica que esses lazeres beneficiarão toda a família e herdeiros. Por outro lado, as pessoas buscam reduzir a dissonância cognitiva (corresponde ao conflito mental que os indivíduos experimentam quando são apresentadas evidências de que seu raciocínio está errado ou autojustificado), evitando informações sobre suas decisões ou debater racionalmente a decisão.

Cartão de crédito e financiamentos

Muitos incautos abominam o cartão de crédito, considerando os juros exorbitantes nos financiamentos das obrigações não liquidadas. Ora, desde que cuidadosamente administrado, o "dinheiro de plástico" pode ser um bom negócio: você tem um relatório mensal (um fluxo de caixa parcial) "de graça" todas as vezes que recebe a fatura (permitindo melhoria no seu controle financeiro); tem data certa de liquidar seus compromissos uma vez por mês, permitindo fazer planejamento para investimentos com prazo fixo; pode acumular pontos ou milhas para viajar de graça (se comprar em média mensal razoável, em um ano será conquistada uma viagem de ida e volta para um local na América do Sul ou em dois anos para a América do Norte). Alguns cartões dão descontos para o seu lazer, outros permitem o uso de salas VIP nos aeroportos, outros, pagamentos de passagens aéreas ou outros bens e serviços em até dez vezes sem juros e assim sucessivamente. É importante escolher uma data conveniente para liquidação do débito e sempre liquidar toda a fatura (nunca financiar) na data do vencimento.

Todavia, o lado emocional mostra-nos que pessoas fracassaram ao administrar o cartão de crédito. Aqui entra muitas vezes a aversão ao medo.

Há aqueles que odeiam financiamento, gostam de comprar tudo à vista. Desprezam crédito de qualquer tipo ou tomar dinheiro emprestado. Sacrificam o conforto e a satisfação de sua família para evitar o fardo psicológico de ter dívida. Nem sempre essa atitude representa inteligência financeira. Há financiamentos interessantes. Há compras a prazo com muitas vantagens que permitem usar recursos em aplicações interessantes ou antecipar benefícios sem riscos para o orçamento. Assim, praticar orçamento (e algumas projeções) faz parte daquilo que chamamos de Contabilidade Mental. Desordem financeira é o principal fator de risco para as finanças pessoais e não os créditos e financiamentos. Há pessoas que não fazem anotações sequer no seu talão de cheque, quanto mais o seu fluxo de caixa e orçamento financeiro. A aversão ao arrependimento prevalece nesse caso.

Custo *versus* benefício

Em se tratando de custo de oportunidade, quando dispensamos tempo para fazer alguma atividade, podemos simultaneamente deixar de ganhar se estivéssemos desenvolvendo um trabalho que nos proporciona remuneração. Não seria financeiramente melhor terceirizar aquela atividade? Ou ela nos dá tanto prazer que compensa a perda? Por exemplo, há pessoa que adora cuidar do jardim de sua casa, não trabalhando (deixando de ganhar) ou não passeando aos sábados (com sua família), preferindo plantar flores.

Ou, ainda, há casos em que as pessoas se sentem pressionadas a não gastar mais naquilo que lhes custou muito. Assim, não se lembram do desembolso ou evitam ter mais dores pelos gastos. Semelhantemente também, há pessoas que consomem forçosamente uma aquisição cara para não reconhecer uma perda que traria sofrimento ou perda de sono.

Uma variável interessante para se aplicar a Contabilidade Mental é o binômio "custo *versus* benefício". Isto é, toda decisão, informação, atitude... tem um custo. Espera-se que o retorno, o resultado, indique um montante econômico-financeiro maior que o aplicado. Uma situação interessante é em relação à carreira profissional dos nossos jovens, ou seja, as opções por cursos. Normalmente, os pais gostam de profissão que dê *status*. Os filhos preferem escolher, ainda um pouco imaturos para decisão tão complexa, uma profissão atraente. Todavia, um fator muito importante é quanto se vai investir em todo o curso (mensalidade, livros, locomoção, alimento etc.) e comparar com a empregabilidade e o salário médio nos primeiros anos do exercício profissional.

Por exemplo, a filha de um amigo escolheu um curso na área de saúde cuja universidade, cara, está localizada em outra cidade, a 50 km de sua residência. O custo mensal (mensalidade, livros, transporte, hospedagem, alimentação...) é de R$ 2.000 durante cinco anos, sem chance de se ter rendimento durante o curso. O salário médio dessa profissão nos primeiros cinco anos é de R$ 2.500 mensais. Considerando a espera média de um ano para se obter o primeiro emprego (período para estagiar), os descontos legais do salário, os gastos diretos decorrentes do trabalho (transporte, roupas etc.), essa pessoa deverá trabalhar quase dez anos só para "reembolsar" os investimentos realizados no período de formação universitária. É uma péssima relação custo *versus* benefício, quando comparada com cursos superiores em que é possível o próprio estudante custear a mensalidade com seu próprio trabalho (é claro que esse raciocínio pode não ter valor para uma família muita rica ou quando há uma vocação inquestionável). Muitas vezes, nessas decisões, entram as variáveis otimismo e autoconfiança, em que a maioria das pessoas tem visões irreais acerca de suas habilidades e expectativas.

O binômio custo *versus* benefício é muito bom também para os consumidores compulsivos. Há pessoas que têm comportamentos ilógicos, consomem muito tempo visitando lojas, comprando aleatoriamente (decisões impulsivas), até mesmo coisas desnecessárias. Por exemplo, seria bom fazer uma planilha simples colocando-se em uma linha o item comprado, o valor da compra, dar uma nota (de zero a dez) pela satisfação da compra e descrever os benefícios do produto. O ideal seria deixar pelo menos mais três colunas para se fazer uma avaliação em períodos futuros (um mês, três meses, seis meses), dando-se nova nota considerando os benefícios descritos no momento da compra. Se as notas forem mais baixas (decrescentes) que a compra, poder-se-ia criar um "castigo", por exemplo, fazer um jejum de compras por dez dias para cada redução de um ponto na avaliação. Porém, o lado emocional está ligado à excitação das compras, comparar com outras pessoas que têm menos ambição etc. O lado emocional nessas compras compulsivas muitas vezes está ligado à ilusão monetária de promoções com grandes descontos, número de prestação elevado com valor baixo etc.

Na verdade, muitas de nossas atitudes requerem inteligência financeira: utilização de cálculos financeiros antes de comprar a prazo; "pechinchas" nas compras à vista com boa argumentação (por exemplo, preço mais baixo em outros locais quando se faz uma boa pesquisa de mercado); viagens com finalidades duplas, como lazer e negócios (compra de móveis em Gramado; roupas nos EUA; enxoval de crianças em Serra Negra; roupa de noiva e outras em locais específicos na cidade de São Paulo etc.). Nesses casos, o lado emocional deverá estar (ou ser treinado) submisso à razão.

Há muitos exemplos para se trabalhar nessa área. Também, nosso objetivo não é dar solução, mas alertar como o profissional contábil pode contribuir para melhorar sensivelmente o bem-estar das pessoas por meio da arte de bem informar e do aconselhamento.

CARTA 7
Parte 1: como ensinar Contabilidade para crianças (leigos) – Ativo e Passivo

Eu estava cursando o terceiro ano da minha graduação quando, nas férias de julho, visitei um tio muito querido na cidade de Pedreira, interior de São Paulo. Estávamos assistindo a um jornal pela TV que deu a notícia de mais uma valorização do dólar em detrimento da nossa moeda.

Esse meu tio ficava muito chateado com a desvalorização da moeda brasileira. Ainda demonstrando uma certa indignação, perguntou-me qual era a razão dessas constantes desvalorizações. Tentei por vários caminhos explicar por que isso acontecia, afinal eu era um estudante de ensino superior na área de Negócios. Sinceramente, não consegui convencê-lo com as minhas palavras técnicas para um homem que apenas aprendeu a ler e escrever. Fiquei muito frustrado.

Já formado no curso de Ciências Contábeis, deparei-me, várias vezes, com pequenos empresários, investidores e outros usuários da Contabilidade que não entendiam os processos, os relatórios, os conceitos contábeis. Confesso que diversas vezes tive dificuldade em explicar certos conceitos de Contabilidade para leigos e iniciantes nesta minha profissão.

É difícil indicar áreas de conhecimento ensinadas no ensino fundamental e curso médio que não sejam relevantes. Se professores de Química, Física, Filosofia, Estatística, Geografia, História etc. fossem questionados sobre a utilidade dos conteúdos passados para os seus alunos, certamente teriam bons argumentos para nos convencer.

Por outro lado, é fácil apontar uma área de conhecimento que não é ensinada nas escolas de maneira geral, inclusive na maioria das faculdades: a "ciência" do dinheiro. Educamos os estudantes sobre higiene, alimentação, relacionamentos, ética, ciências sociais etc., mas não damos educação financeira.

Esses estudantes vão se tornar, um dia, bons profissionais, porém, com uma lacuna (uma falha) no relacionamento com o dinheiro. Tenho visto bons médicos, engenheiros, dentistas que não sabem como investir seus lucros, não sabem administrar seu próprio caixa, não sabem fazer um planejamento financeiro mínimo para sua família. Isso é incrível se pensarmos que praticamente investimos uma quantidade enorme de tempo em nossas vidas (principalmente na formação profissional) para ganhar dinheiro.

Há jovens hoje que estão adiando as responsabilidades e a autonomia da vida adulta por nunca terem sido educados em relação à gestão do dinheiro. Há famílias que administram tão mal suas finanças que acabam prejudicando seus filhos. É preciso alertar aos pais que a inteligência financeira é um bem precioso para passar como um valor familiar para os filhos.

A Contabilidade é o principal instrumento para uma boa educação financeira (seja para crianças, jovens e adultos que não foram preparados para enfrentar as "armadilhas" da administração do dinheiro). A contabilidade não só propicia a compreensão financeira como, principalmente, leva-nos à inteligência financeira (tomar decisões inteligentes para crescimento da riqueza familiar).

A expressão "contabilidade" vem do verbo *contar*, que pode ter diversos significados: (a) fazer conta, calcular, registrar números; (b) narrar, relatar, expressar a verdadeira realidade; (c) esperar, confiar, no sentido de prestar contas, ser transparente; (d) computar, incluir fatos ocorridos para nortear decisões futuras.

Como poderíamos lidar bem, ter compreensão, ter planejamento e inteligência nas finanças sem a Contabilidade? Seria a mesma coisa que querer cuidar, conhecer bem, corrigir nossa saúde sem fazer os exames de laboratório (sangue, urina etc.). Imagine como um médico poderia opinar, diagnosticar, receitar sem esse banco de dados que a tecnologia propicia por meio dos laboratórios, centros clínicos de exames etc. A Contabilidade está para a nossa saúde financeira, assim como a Medicina está para a nossa saúde física e emocional.

Para se ter saúde financeira, é preciso entender e aplicar conhecimentos relativos a ativo, passivo, fluxo de caixa, orçamento etc. Para entender esses conceitos, não há necessidade de pré-requisitos, idade mais amadurecida ou vocação para negócios. Todos podem entender.

Ativo, o principal foco da Contabilidade

Vamos fazer um desafio de explicar Contabilidade para uma pré-adolescente de 12 anos (ou uma pessoa sem nenhuma formação contábil-financeira). Imagine sua casa. Todas as coisas boas, úteis, que trazem *benefícios*, prazer, vantagens, com conotação positiva, podemos chamar de ativo. Assim, sua TV, geladeira, o carro do seu pai, o alimento que está na dispensa ou geladeira, alguns dólares que sua mãe guarda na gaveta, os DVDs (ou qualquer bem útil) são exemplos de ativo.

E a casa (ou apartamento) onde você mora, é ativo? Se for de *propriedade* de sua família, ainda que seja financiado, é ativo. Se sua casa for alugada, não é propriedade da família, então não é ativo. Assim, para ser ativo há necessidade, além de trazer benefícios (vantagens, satisfação...), que seja de sua propriedade (no caso de imóvel), ou seja, normalmente sua família terá que ser dona, ainda que o bem não esteja totalmente pago, que haja prestações a serem liquidadas.

Neste momento, tenho que falar de certos bens que estão à disposição da família, um recurso econômico controlado pela família, mesmo ela não sendo proprietária. Um exemplo seria um bem originado por meio de *leasing*. Claro, aqui se requer um tempo maior para a exceção do que para a regra.

É importante ressaltar que há bens – coisas úteis – que têm corpo, são palpáveis (você pode pegar, palpar), são formados de matéria. Esses bens como bicicleta, patins, prancha, roupa, tênis, mochila etc. são chamados de bens materiais (têm corpo físico) ou ativo *tangível* (visível, tocável, sensível).

Bom, a pergunta é óbvia: se existe bem tangível, significa que existe bem sem corpo (incorpóreo), imaterial, invisível, intocável? Sim. Se você tivesse que descrever hoje qual é a maior riqueza que você tem no seu lar, talvez dissesse: "o que tem de mais precioso no meu lar é o carinho existente entre os meus familiares; o cuidado especial que meus pais têm por mim; a alegria que sentimos quando sentamos todos em volta da mesa para saborear a comida da mamãe; o desejo de cada um de nós de ver nossos queridos felizes, com saúde, com bem-estar". Talvez pudéssemos definir com uma única palavra tudo isso: *amor*.

O amor pode ser visto como um bem valioso? Claro que sim, para tanto basta pensar quantas pessoas sentem falta do amor, vivem solitárias, são infelizes. Há pessoas que pagariam muito, se isso fosse possível comprar, para serem amadas, ter o aconchego de um lar feliz. Entretanto, o amor não tem corpo, não é matéria, não se dá para pegar, palpar. Portanto, esse bem tão precioso é imaterial, chamado como ativo *intangível*.

Talvez, se perguntássemos a uma criança órfã o que ela prefere – uma bicicleta ou um lar, uma família amorosa –, ela optasse pela segunda oferta. Porém, a bicicleta é um bem tangível, corpóreo, fácil de atribuir um valor monetário, um preço; o amor, por não ser vendido ou comprado como mercadoria corpórea, não tem preço (valor) definido no mercado. Então, podemos concluir que o ativo intangível é de difícil avaliação, não tem preço definido no mercado. Outro ativo invisível, não palpável é o estoque de conhecimento. Em uma família, com mais conhecimento, há pessoas que estudam, pesquisam, têm potencial de serem bem-sucedidas nas decisões, nas escolhas profissionais, nos empreendimentos e investimentos. Essa é uma riqueza que, embora seja difícil de calcular o seu valor, faz parte do ativo.

Uma outra forma de ver o ativo é avaliar se ele ajuda a família a ficar mais rica ou provoca perdas, saídas de dinheiro do bolso do papai.

Vamos admitir que sua família comprou uma casa na praia (ou um sítio). Apesar de dar prazer, satisfação à família, essa aquisição, do ponto de vista de investimento, é um ativo ruim. Em termos financeiros, esse imóvel não traz ganho, só despesas (manutenção, segurança, impostos e taxas, conservação, reposição de bens que se deterioram, idas e vindas para resolver problemas no local, taxas de condomínio e muitas outras). É um imóvel que normalmente fica ocioso (vazio, inutilizado) por muitos meses do ano. Será que o dinheiro aplicado nesse imóvel poderia ter sido investido em um ativo bom (rentável), e com parte dos ganhos (rendimentos) daria para a família passar férias em tantos lugares diferentes, alternados, sem o estresse da administração desse bem?

Por outro lado, sua família pode ter uma reserva de dinheiro. Esse é o principal ativo (bem) que alguém pode possuir. Com o objetivo de segurança, essa reserva de dinheiro (vamos chamar de *cash* ou caixa) está depositada em um banco, porém, para ela se tornar um bom ativo poder-se-á fazer uma aplicação financeira, rendendo juros, no próprio banco.

Assim, nós podemos dividir os ativos em dois grandes grupos: para *uso* e para *renda* (ganhos). Ou, ainda, podemos dividi-los em ativos *bons* (proporcionam ganhos) e *ruins* (geram despesas, saída de dinheiro). Também existem os ativos visíveis, que têm corpo (tangível) e os imateriais, sem corpo (intangíveis). Ainda falamos em ativos *imóveis*, fixos (casa, sítios) e os *móveis*, transportáveis (fogão, micro-ondas, cama). Depuram-se também ativos que estão em *nossa posse* (como dinheiro no bolso, no cofre – *cash*) ou ativo que está em *posse de terceiros* (outras pessoas), como dinheiro investido em negócios, em bancos (nessa situação temos um título, um documento comprovando a aplicação. Nesse caso, o "título" é um ativo que identifica o *direito* que eu tenho em reivindicar o bem de volta). O mesmo raciocínio é quando investimos em empresas, comprando ações (títulos de propriedade). Assim, o ativo é composto de bens dos quais temos posse e bens que, no momento, estão em posse de outras pessoas (direitos), como depósito bancário, salários a receber etc.

É importante entender todas essas classificações do ativo para analisar o perfil, as características dos bens que possuímos. Por exemplo, podemos aplicar dinheiro em um negócio no qual há chance de se ganhar muito ou perder muito. Nesse caso, chamamos de ativo especulativo ou de alto risco. Por exemplo, comprar muitos dólares achando que a cotação vai subir, ou seja, eles vão valorizar. Podemos sugerir um quadro-resumo sem nenhum rigor científico, apenas como ilustração dos nossos ativos para facilitar a avaliação e ter um melhor controle:

Ativos						
Ruins (não geram ganhos financeiros)		**Bons** (geram ganhos: contribuem para aumentar a riqueza da família)				**Especulativos**
Uso	Lazer	Baixo risco de perdas			Risco mais elevado	
^	^	Imóveis para renda		Renda fixa	^	^
^	^	Para aluguel	Para venda	^	^	^
Casa própria, carro, celular, fogão, móveis etc.	Sítio, casa de campo, casa de praia, piscina, carro de luxo etc.	Fim residencial ou comercial	Construção de casas, apartamentos etc.	Poupança, aplicação em banco, previdência privada etc.	Montar seu próprio negócio, aplicações em renda variável (ações, longo prazo)	• Ouro • Dólar • Ações (curto prazo)
Ativos que geram despesas, embora propiciem satisfação e prazer					

Passivo, um mal necessário

A palavra *passivo*, ao contrário de ativo, traz uma conotação negativa. De fato, passivo significa dívidas, obrigações, compromissos financeiros a serem pagos. Contas a pagar, aluguel a pagar, financiamento, impostos a pagar são exemplos de passivo.

Muitas vezes optamos em ter um bem antes de reunir dinheiro suficiente para comprar à vista. Com a compra a crédito, usufruímos de um benefício antecipadamente. Com financiamentos se adquirem carros, imóveis e diversos bens que teríamos de esperar muito tempo para comprar à vista. Por diversas razões, podemos dizer que ter passivo nem sempre é ruim, pois, por meio da dívida, muitas vezes, adquirimos ativos.

Há passivos de qualidade ruim como empréstimos bancários com taxa de juros alta (por exemplo, cheque especial, financiamento do cartão de crédito, empréstimos financeiros etc.). As dívidas em que pagamos juros (às vezes exorbitantes) chamamos de passivo *oneroso*, passivo muito caro.

Porém, há passivos *não onerosos* (não incidem juros, encargos). Comprar com cartão de crédito (ainda que gere dívida) pode ser um bom negócio se pagarmos no vencimento (não financiarmos). Compras a prazo, no preço à vista, facilitadas em algumas prestações, podem ser interessantes. Comprar um bem parcelado, sem juros, é possível em uma economia competitiva. Esses exemplos são passivos não onerosos e utilizá-los pode ser um bom negócio.

De maneira geral, ativo bom provoca entrada de dinheiro no bolso (ganhos). Passivo e ativo ruins tiram dinheiro do bolso, geram despesas, mais gastos.

Como medir a verdadeira riqueza da família?

Por um lado, falamos de coisas positivas, o nosso estoque de bens para uso e para renda. Por outro lado, falamos de coisas negativas, as nossas dívidas. Em Contabilidade, denominamos o conjunto de bens econômicos que controlamos e as nossas dívidas de patrimônio. Assim, o termo *patrimônio* não significa apenas bens, mas também dívidas. É um conceito apenas.

Veja que, no sentido comum da palavra, patrimônio significa bens de família, herança paterna, riqueza, bens (materiais e imateriais), títulos, ações etc. Porém, no sentido contábil, o termo *patrimônio* representa todo ativo (bem que controlamos – que está em poder da pessoa – e bem que não está em poder – direito, como dinheiro depositado no banco) e o passivo (obrigações nas quais se exigirá pagamento em determinada data).

Assim, o patrimônio significa coisas positivas (ativo) e negativas (dívidas). Ora, se quisermos, então, saber a verdadeira riqueza de uma família, podemos pensar assim: se eu vendesse todo meu ativo (transformando-o em dinheiro) e pagasse toda a minha dívida (passivo), o que efetivamente sobraria para mim? Esta é a minha riqueza líquida: ativo (−) passivo.

Entretanto, não preciso vender o ativo para calcular a riqueza líquida. Eu posso fazer um levantamento da situação patrimonial (ativo e passivo) a qualquer momento. Isto é, eu posso fazer um balanço, um exame, um levantamento, uma verificação da situação patrimonial periodicamente para ver se minha riqueza líquida aumentou ou diminuiu. Essa verificação, esse balanço periódico é que a Contabilidade chama de *balanço* (levantamento, exame) *patrimonial* (conjunto de ativo e passivo).

Se quiséssemos dar um visual para melhor leitura da situação patrimonial, poderíamos colocar em primeiro lugar o ativo (lado positivo) e depois o passivo (lado negativo):

Ativo	Passivo
Bons (geram ganho)	Pouco onerosos (sem juros/poucos juros)
Ruins (geram despesas)	Muito onerosos (geram elevados juros)

É lógico que o ideal, no balanço (verificação do levantamento), seria que o ativo sempre fosse maior que o passivo para se ter riqueza líquida. Se o passivo é maior que o ativo, não há riqueza líquida, mas uma situação beirando a falência (não ter com o que pagar todas as dívidas), o fracasso financeiro.

Vamos admitir que uma família faça o levantamento (balanço) do seu ativo e passivo (patrimônio) e chegue à seguinte situação:

Balanço patrimonial em 31/12/__

Ativo		Passivo	
Apartamento	190.000	Financiamento (apartamento) a pagar	175.000
Móveis, roupas e utensílios	35.000	Prestações (móveis) a pagar	11.000
Produtos elétricos e eletrônicos	15.500	Cartão de crédito a pagar	2.200
Aplicação em poupança	3.000	Empréstimos bancários	6.000
Conta-corrente bancária	1.500	Contas (luz, água,..) a pagar	800
Total	**245.000**	**Total**	**195.000**
Ativo – Passivo = Riqueza líquida 245.000 – 195.000 = 50.000			

Isso significa que o ativo (se vendido) daria para pagar toda a dívida e ainda sobraria uma riqueza líquida de 50.000. Isto é, no confronto patrimonial (ativo × passivo), o patrimônio é positivo. Assim, em vez de denominarmos riqueza líquida, poderíamos dizer patrimônio líquido (ativo > passivo) para o excesso de ativo sobre o passivo.

Como vimos, o verbo "contar", além de computar números, também significa relatar, apresentar, mostrar, expressar. Assim, podemos expressar a verdadeira (prestar conta) situação patrimonial em uma forma didática, simples:

Balanço (levantamento) patrimonial (ativo e passivo)

Ativo	Passivo
Todos os bens elencados em 31/12/... da família ....: Total 245.000	Todas as dívidas levantadas em 31/12/...: Total 195.000
	Ativo – Passivo = Patrimônio líquido 245.000 – 195.000 = 50.000

Há quem diga que ativo é a esperança; passivo é a frustração; patrimônio líquido é a realidade. De fato, só podemos saber se nossa riqueza é boa por meio do patrimônio líquido.

CARTA 8
Parte II: como ensinar Contabilidade para crianças (e leigos) – Receita e Despesa

Estamos admitindo uma metodologia para ensinar Contabilidade a uma criança ou uma pessoa leiga, simples, que nunca foi instruída sobre Educação Financeira. Depois de falarmos sobre ativo, passivo e patrimônio líquido, entraremos agora em receita e despesas para apurarmos o lucro ou prejuízo.

Sempre quando preenchemos anualmente a nossa declaração de Imposto de Renda, constatamos se houve crescimento na nossa riqueza líquida ou no nosso patrimônio líquido.

Aliás, a nossa declaração de Imposto de Renda é um instrumento que nos ajuda a avaliar nossa evolução patrimonial e o resultado (lucro ou prejuízo) aproximado no ano. Digo aproximado, pois nem todas despesas são dedutíveis e, portanto, declaradas.

Um aspecto importante é que, quando pagamos Imposto de Renda, isso significa que estamos ganhando bem, comparando com a renda média do brasileiro. Quanto mais Imposto de Renda pagamos, de maneira geral, melhores padrões financeiros estamos atingindo.

Não podemos ficar felizes por não pagarmos Imposto de Renda. É um indicador, quase sempre, de pobreza. Na verdade, o Imposto de Renda, prevalecente nos países desenvolvidos, é considerado um imposto justo, denominado imposto direto, pois só paga quem ganha mais dinheiro.

No Brasil e nos países em desenvolvimento (ou subdesenvolvidos), prevalecem os impostos sobre vendas (IPI, ICMS, ISS...), que oneram o preço do produto (impostos indiretos), independentemente da renda. Isto é, o pobre, o desempregado paga o mesmo imposto, por exemplo, dos produtos da cesta básica que um milionário. Isso é injusto.

Num certo sentido, os impostos indiretos (que incidem sobre vendas) oneram os pobres e beneficiam os ricos que deveriam contribuir mais. Por isso, em uma reforma tributária, é interessante intensificar o Imposto de Renda e, se possível, zerar os impostos indiretos.

Como medir as variações da riqueza

É claro que uma administração eficiente do nosso ativo provoca rendimentos, ganhos, lucros. Lembre-se de que o ativo é composto de bens tangíveis (dinheiro, investimentos, imóveis, ouro, equipamentos para prestação de serviços, microcomputador, veículo etc.) e bens intangíveis (acúmulo de conhecimento por meio de formação profissional, cursos, pesquisa etc.).

Nós podemos vender o ativo com lucro e aumentar nossa riqueza. Porém, essas situações (vendas de ativo) são especiais, extraordinárias. O ideal é juntarmos nossos talentos e trabalharmos na produção de riqueza. Por exemplo, por meio do conhecimento (intangível) mais os bens tangíveis (veículo, dinheiro para manutenção etc.), posso trabalhar, fazer investimentos, ser empreendedor... e ganhar dinheiro.

Em Contabilidade, o rendimento obtido pode ser chamado de receita. Por exemplo, o meu salário mensal é uma receita; a venda de produtos e serviços por uma pessoa é receita; os juros obtidos de uma aplicação financeira também é receita. De maneira geral, a receita se traduz em recebimento de dinheiro por um serviço prestado, por um produto vendido, ou por um dinheiro aplicado, ou aplicação em ações etc.

Todavia, a receita não é lucro, pois em tudo o que eu ganho há despesa. A despesa é um "sacrifício" que normalmente representa uma saída de dinheiro, um gasto. Assim, eu recebo o meu salário (receita), mas tenho que pagar minhas despesas (condução para ir ao trabalho, alimentação, aluguel...). Se eu tiver um comércio, vendo mercadorias (receita), mas tenho as despesas (custo da mercadoria vendida, salário dos funcionários, aluguel...). Se eu aplico dinheiro em um banco, recebo juros (receita), mas tenho despesas (comissão que o banco cobra, impostos, condução e tempo para ir ao banco etc.).

Assim, para detectar qual foi o lucro que aumentou a minha riqueza líquida, eu preciso confrontar a receita com a despesa. Se a receita recebida for maior que a despesa paga, há lucro e a riqueza líquida é aumentada.

Um instrumento simples, contábil, para avaliar se houve lucro ou prejuízo no período (pode ser semanal, mensal, trimestral...) é a Demonstração dos Fluxos de Caixa (DFC). A ideia de um fluxo de caixa, para ilustrar, poderia ser uma caixa de água normal, onde nós medimos quanta água entrou e quanta água saiu (admita um medidor de água). Se entrou mais água que saiu, há sobra, há ganho. Admita, agora, em vez de água, tratarmos com dinheiro. De maneira geral, dinheiro entrando é a receita; o dinheiro saindo é a despesa. No final do mês, por exemplo, vamos medir se houve aumento ou diminuição.

A DFC é uma demonstração que conta a história do seu dinheiro em um período. Mostra o sucesso ou o fracasso em um período. O fluxo é o movimento de entrada e saída. O fluxo de caixa é o movimento financeiro do dinheiro. A Contabilidade utiliza também o fluxo econômico (Demonstração de Resultado do Exercício). Nesta etapa, estaremos trabalhando com o fluxo financeiro.

Se há resultado financeiro positivo (receita recebida maior que despesa paga), aumenta o ativo (também a riqueza líquida) e há recursos para fazer novos investimentos e/ou liquidar (pagar) passivo ruim, oneroso. Se houver resultado negativo, muitas vezes, para a sobrevivência, teremos que fazer empréstimos, dívidas, aumentando nosso passivo. Nesse caso, a riqueza líquida diminui. A DFC mostra no final de um período (mês, ano) se você ficou mais rico ou mais pobre.

De maneira geral, os ativos bons geram mais receita, mais ganho. Os ativos ruins geram despesas (por exemplo, um sítio, uma casa de praia). Um passivo oneroso também gera despesas (por exemplo, juros pagos). Por meio da DFC é que podemos ler e entender nosso sucesso ou fracasso (tendo chance de corrigir os erros, mudar o rumo de nossas finanças).

Exemplo de uma Demonstração de Fluxo de Caixa resumida (mensal):

Receita recebida		
Salário recebido (junho/X7)	4.500	
Juros de poupança (junho/X7)	500	5.000
(–) Despesas pagas		
Deduções do salário bruto (INSS, I. Renda na fonte...)	(1.200)	(1.200)
Moradia e transporte		
Aluguel, condomínio e IPTU	(600)	
Ônibus, metrô e IPVA	(200)	(800)
Alimentação e vestuário		
Alimentação e remédios	(500)	
Vestuário e higiene pessoal	(250)	(750)
Assessoria e seguro		
Empregada doméstica e jardineiro	(1.000)	
Seguro saúde, de vida e de carro	(250)	(1.250)
Lazer e comodidade		
Produtos e salão de beleza, conta do celular, livros...	(450)	
Viagens, cinema e teatro	(350)	(800)
Superávit (lucro, sobra) financeiro		**200**

Os números entre parênteses significam subtração (negativo).

A DFC anterior é para ilustração. O ideal seria destacar todos os itens de despesas (para melhor avaliação) e não agrupar.

O resultado de $ 200, ainda que positivo, não é elogiável, pois precisou-se usar os juros da poupança. O ideal é que apenas com o salário houvesse resultado positivo.

Como maximizar a riqueza

Para melhorar nossos ganhos, não basta apenas olharmos para os dados registrados, para o sistema de informação (balanço patrimonial e Demonstração dos Fluxos de Caixa). Há necessidade de planejar, corrigir as rotas, administrar com eficiência buscando obter melhores resultados.

Um dos instrumentos poderosos no planejamento financeiro é fazer orçamento, ou seja, uma previsão das receitas e despesas para o período seguinte (próximo mês, por exemplo). Claro que para fazer isso há necessidade de olhar o passado, ver os desequilíbrios, os gastos mal feitos, excessivos e controlar suas finanças dentro do previsto (estimado).

Há despesas difíceis de exercer controle. Por exemplo, no primeiro grupo do fluxo de caixa visto no item anterior (moradia e transporte), trata-se de despesa *obrigatória* (inevitável, extremamente necessária) e *fixa* (não varia, permanece o mesmo valor). Esse tipo de despesa é muito difícil de reduzir, salvo se estivermos dispostos a diminuir o padrão de vida, mudar para outro bairro ou cidade mais distante etc.

O segundo grupo de despesa (alimentação e vestuário) também são despesas obrigatórias, porém mais flexíveis e passíveis de redução. Chamamos esse grupo de despesas *obrigatórias variáveis* que normalmente não se podem eliminar, mas temos condições de gerenciar melhor fazendo algumas reduções. Podemos reduzir as despesas de restaurante, ter menos diversificação de roupas ou não exigir marcas famosas e caras. Nesse grupo (obrigatórias e variáveis), poderiam ser incluídas despesas com combustível, remédios (por exemplo, usar genéricos), as contas de luz, água e telefone. Nesse grupo ainda entrariam as mensalidades da escola (buscar escola mais barata ou pública), higiene e limpeza etc.

O terceiro grupo de despesa do fluxo de caixa (assessoria e seguro) é exemplo de despesa *dispensável* (não obrigatória, que pode ser eliminada) fixa (não varia e não temos poder de reduzir). Os seguros são exemplos típicos: não são obrigatórios, são cobertura de riscos. Ter uma empregada doméstica não é obrigatório, muito menos ter TV por assinatura. Porém, quando optamos por essas despesas, temos muita dificuldade em reduzir os gastos.

Por fim, o quarto grupo (lazer e comodidade) é o mais fácil em eliminar e/ou reduzir despesas. São as despesas *dispensáveis e variáveis*. Salvo se for para fins de negócios, você pode abrir mão do celular (ou transformar em pré-pago, limitando o gasto). Você pode reduzir (ou deixar de ir) ao salão de beleza, ao cinema, ao teatro. Você pode reduzir (ou deixar de comprar) presentes, livros, produtos de beleza etc.

Vamos admitir que você deseje que o seu fluxo de caixa apresente uma sobra (superávit) de $ 700, ou seja, você quer reinvestir os juros de poupança de $ 500 (e não usar na sua atividade operacional, no seu dia a dia) e ainda ter uma sobra de $ 200 da sua renda mensal. Para tanto, você planeja almoçar na sua casa (em vez de restaurante – economizando $ 150); você fará os serviços de jardinagem (economizando $ 100); na parte de lazer, você vai mudar seu celular para pré-pago ($ 100), irá menos ao cinema e reduzirá o uso de produtos de beleza (economizando $ 150). Assim, sua contabilidade indica:

Receita	DFC mês de junho (real)	Orçamento mês de julho	Real ocorrido mês de julho
Salário	4.500	4.500	
Juros de poupança	500	500	
Total da receita	5.000	5.000	
(–) Despesas			
Deduções do salário	(1.200)	(1.200)	
Moradia e transporte			
Aluguel, condomínio e IPTU	(600)	(600)	
Ônibus, metrô e IPVA	(200)	(200)	
Alimentação e vestuário			
Alimentação e remédios	(500)	(350)	
Vestuário e higiene pessoal	(250)	(250)	
Assessoria e seguro			
Empregada doméstica e jardineiro	(1.000)	(900)	
Seguro saúde, de vida e de carro	(250)	(250)	
Lazer e comodidade			
Produtos e salão de beleza, celular, livros...	(450)	(350)	
Viagens, cinema, teatro etc.	(350)	(200)	
Sobra (superávit financeiro)	**200**	**700**	

No final do mês, na terceira coluna, você poderá comparar o real com o orçado (previsto) e avaliar se as metas foram atingidas. Na verdade, os números contam a sua história, suas decisões.

Considerações finais

A boa utilidade da Contabilidade é para ajudar as pessoas a gerir financeiramente melhor suas vidas, buscando a maximização da sua riqueza. Para tanto, há quatro passos importantes:

O primeiro passo é distinguir um ativo de um passivo (dívida).

O segundo passo é distinguir um ativo bom (que põe dinheiro no bolso) de um ativo ruim (assim como o passivo, tira dinheiro do bolso, gera despesa).

Isso nos educa a aplicar melhor nosso dinheiro. Por exemplo, em vez de comprarmos uma casa própria financiada, poderíamos investir uma aplicação que rendesse juros para, no futuro com um bom dinheiro, comprarmos uma casa própria à vista (fazendo um bom negócio) evitando financiamento.

O terceiro passo é medir se você está ficando mais rico ou mais pobre, se sua riqueza líquida (ativo (–) passivo) está aumentando ou diminuindo por meio da avaliação de seu fluxo de caixa. Observe a representação da Figura 3.8.

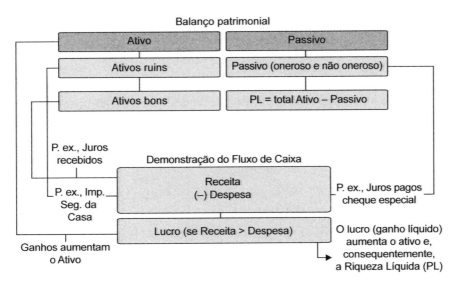

Figura 3.8 Avaliação do fluxo de caixa.

O quarto passo é buscar o progresso da família. Para tanto, planeja-se, controlar as despesas fazendo o orçamento (previsões).

CARTA 9
Carreira acadêmica: ser professor e pesquisador

Muitas vezes, sou indagado sobre a razão de ter escolhido o magistério superior, ou por que escolhi a carreira acadêmica, uma vez que as alternativas na área de Negócios, principalmente em empresas privadas, são muito mais atraentes em termos financeiros que a universidade.

Desde o início de minha graduação em Contabilidade, experimentei várias vertentes. Fui analista de balanços, exerci a Contabilidade em uma pequena e depois em uma média empresa. Fui consultor em diversas áreas. Trabalhei em treinamento, inclusive em empresa de auditoria. Por um tempo fui executivo de um grupo de empresas e diversas outras atividades. Todas elas com um salário recompensador.

Em outras palavras, por que ser professor de Contabilidade, como opção primeira, se essa profissão tem um cardápio de opções possivelmente mais interessantes e mais rentáveis que o magistério?

Há aqueles que ainda questionam: "por que Contabilidade?" Você já viu um adolescente, quando perguntado sobre o que vai "ser" no futuro, responder professor de Contabilidade? Se ele responder que vai ser apenas professor, será visto com certo descrédito, achando-se, no mínimo, que ele está mal orientado. Se disser, entretanto, que pretende ser professor de Contabilidade (eu nunca vi isso), será tachado de anormal.

Na verdade, dos professores de Contabilidade que conheço, ninguém planejou abraçar essa alternativa profissional. Curiosamente, da mesma forma, a maioria dos professores universitários da área de Contabilidade não está arrependida nem quer deixar sua atividade como docente nessa área.

De maneira geral, dispensando os critérios científicos, abordarei algumas vantagens e desvantagens do mundo do magistério superior de Contabilidade. Ressalto que estarei falando de carreira acadêmica, ou seja, docência e pesquisa.

Algumas vantagens do professor universitário

Do que chamamos de vantagens no magistério, salientamos algumas:

Férias

Parte das universidades, em termos letivos, trabalha oito ou nove meses no ano. Mesmo algumas que não concedem os três meses de férias e exigem a presença do professor (embora não prescrevam atividades docentes) permitem e estimulam que se desenvolva trabalho em uma linha de seu interesse: pesquisas, artigos, atividades administrativas etc.

Embora o magistério superior conceda férias tão prolongadas (inclusive o recesso escolar) ou, na pior das hipóteses, um relaxamento nas atividades normais, isso ocorre proporcionando não somente atualização, preparo das aulas, mas principalmente investimentos em pesquisas, artigos, ou seja, produção científica.

É importante lembrar que cada professor precisa gozar de um bom conceito junto aos alunos. Se falamos que a perspectiva da Contabilidade é boa, que o retorno é excelente, que vale a pena investir no curso de Contábeis, é lógico que todos esses benefícios devem ser visíveis em nossa vida.

Se, talvez, o professor não for ambicioso em querer um estilo de vida voltado para o "ter", a fim de ser valorizado por seus alunos, deverá compensar com o "ser" (ou ambos). Por exemplo, pós-graduação (mestrado e doutorado), produção científica, artigos escritos, participação em atividades culturais, congressos etc. são bons indicadores.

Jesus dizia: "Se vocês não creem em mim, creiam ao menos nas minhas obras." Suas obras demonstravam a autoridade que ele dizia ter. Assim, cada um de nós deve ser conhecido por nossos alunos por alguns diferenciais, e isso nos dará credibilidade. Daí a importância de se ter tempo disponível. Assim, as férias ampliadas permitem conquistar "obras".

Rotinas

O professor, normalmente, não está preso ao escritório, telefone, problemas rotineiros, como um homem de empresa.

Lembro-me muito bem de quando trabalhava como executivo, atendendo a telefonemas das 8 da manhã às 8 da noite, recebendo relatórios referentes aos empregados faltantes, avaliando o cronograma de pagamentos e outros relatórios. Quando me vinculei à universidade, houve uma mudança radical, a minha vida tornou-se um "mar de tranquilidade", comparando-a com a vida que levava anteriormente na atividade empresarial.

O professor não fica preso às rotinas mensais, quando não até diárias, repetitivas, como as de um contador, administrador, chefe de departamento pessoal etc., embora o professor possa repetir exemplos. Temos uma dinâmica de mudanças na nossa profissão. Atualmente, a cada semestre, temos que inovar as nossas aulas.

Estabilidade no emprego

Sempre haverá gerações novas que precisam de ensino. O estabelecimento de ensino sempre terá recursos de uma forma ou de outra. A falta de escolas seria um indício de "falência do país".

Muitos profissionais que conheço, em períodos de crise, como nos anos 1980, 1990, 2008, perderam o emprego em suas respectivas empresas, mas, felizmente, eram professores em regime parcial (atuavam à noite em faculdades) e garantiram parte de seu orçamento (ou até de sua sobrevivência).

Para o professor na área contábil, não há preconceito de idade. Quem tem título de mestre ou doutor até com 60 anos (ou mais) é contratado. É comum o professor trabalhar para duas ou mais instituições, sendo que dificilmente ficará desempregado, como um executivo de empresa.

É difícil pensar em uma instituição de ensino que faliu; normalmente, todas as instituições crescem e geram mais empregos. O ensino a distância (EAD), com o aumento incomensurável da tecnologia, provocou a redução das aulas presenciais, induzindo a uma migração de uma área para a outra.

Finalidade nobre da profissão

Há profissionais que recebem bom salário, mas vivem em função da necessidade do dinheiro, já que seu trabalho é rotineiro e, às vezes, estressante. Usam muito pouco a criatividade e nem sempre trabalham em função de um resultado digno. Com o tempo, o espírito fica entorpecido (perdem a criatividade).

O professor, todavia, ajuda a formar mentes, proporcionando sabedoria a seu discípulo. Basta você pensar nos professores que passaram por sua vida para verificar quantas belas recordações temos deles. O professor torna-se um espírito vivo e o modela.

Steven Pinker, um cientista canadense, professor do MIT, mostra que 50% das variações de personalidades têm causas genéticas. Não mais que 5% da personalidade de uma criança são determinados pelo tipo de educação que ela recebeu, ou seja, pelos seus pais. O restante (45%) vem de outras crianças (pares) e do meio em que ela vive. Dessa forma, quanto os professores influenciam na formação de um jovem? Em diversas circunstâncias, mais que os pais. Principalmente na formação profissional, o professor é um educador, um guia e, muitas vezes, um condutor, um orientador definitivo.

Retorno imediato de sua ação

Muitos profissionais têm boas ideias, mas não conseguem implantá-las em sua empresa. Outros as implantaram e nunca viram resultados positivos. Outros obtiveram bons resultados a longo prazo, mas os beneficiados não se lembraram do autor da ideia.

O professor sente resultados imediatos. O sorriso de um aluno, um "espanto" no rosto, um aceno com a cabeça, olhos arregalados, um "muito obrigado" ao final da aula. Muitas coisas transmitidas começam a ser aplicadas imediatamente por seus discípulos, implantando-as na empresa onde trabalham. São vidas que estão sendo modeladas. Daí a satisfação íntima de contribuir diretamente para a formação de vidas.

Não poucas vezes dirigi-me para as aulas noturnas cansado e indisposto, mas quase sempre uma reação positiva de um aluno significava injeção de ânimo, alterando totalmente meu estado físico e mental.

Na atividade empresarial, temos ideias, queremos implantar novos métodos, mas dificilmente há um retorno, uma realização pessoal. Quando temos alguma ideia excepcional e conseguimos "vendê-la", é possível que venhamos a ter problemas com nossa liderança, que, normalmente, também quer os "louros".

Muitas vezes, os frutos de nossa criatividade demoram anos para amadurecer. Todavia, por ocasião de sua colheita, podemos mesmo nem estar na empresa, ou sequer sermos lembrados como "pais da ideia".

O magistério, principalmente na área de Negócios, normalmente apresenta retorno imediato; a realização pessoal é indiscutível.

Oportunidade de "criar e ganhar" mais que os outros

Fui convidado, há algum tempo, para ajudar a reestruturar o departamento na área de Negócios de uma universidade em Minas Gerais. A maior dificuldade por mim encontrada era a excelente situação econômico-financeira dos professores que exerciam atividades paralelas altamente rentáveis e não estavam com seu "coração" na universidade. Com o passar do tempo, notei que essa situação ocorre com certa frequência em várias instituições de ensino, pelos seguintes motivos:

- O professor de Contabilidade que ministra aulas noturnas (quase todas as noites), além de suas atividades extrassala de aula, geralmente tem muito tempo para exercitar sua criatividade. Ao contrário de um homem de empresa, que dificilmente dispõe de tempo até mesmo para ler um jornal, o professor, em virtude de sua profissão, está em contato com bibliografia nacional e estrangeira (recebe tudo o que há de mais novo e, em alguns casos, gratuitamente das editoras); com artigos de jornais, boletins e revistas; pesquisa frequentemente; recebe uma massa enorme de informações (de ordem empresarial e técnica), por meio de seus alunos; participa, ainda que esporadicamente, de congressos, convenções, seminários etc.; possui elevado grau de intercâmbio com outras instituições de ensino, outros professores, empresas etc. Conhecendo os novos produtos, as necessidades e os resultados das empresas, as carências do mercado, os segmentos problemáticos, as soluções revolucionárias etc., fica relativamente fácil para o professor, contando com a disponibilidade de tempo, formular um projeto novo com muitas perspectivas de ser bem-sucedido.

- De posse desse projeto (serviço comercial, industrial...), o professor também não tem muita dificuldade para implantá-lo. Primeiro, porque, diferentemente dos homens vinculados às empresas, dispõe de tempo. Segundo, porque sua renda na universidade garante-lhe, no mínimo, sua subsistência, não dependendo de possíveis retornos financeiros imediatos para os seus projetos.
- O aluno atual será futuramente um consumidor em potencial. Quando, na empresa a que estiver vinculado, ocorrerem-lhe problemas relativos à especialidade de um "bom" professor, o ex-aluno irá procurá-lo para dar curso na empresa, e/ou consultoria, e/ou implantação de sistema etc.

São muitas, portanto, as oportunidades oferecidas ao professor que não se dedica exclusivamente à universidade. Ao contrário do que ocorre em outras profissões, o professor pratica suas aulas acadêmicas com boa realização financeira.

Dessa forma, o professor não se desvincula do exercício prático das disciplinas que leciona, enriquecendo sensivelmente suas aulas. É comum encontrarmos professores na área de Contabilidade exercendo, simultaneamente ao magistério, atividades rentáveis, como consultoria, assessoria, cursos *in company*, recuperando empresas ou trabalhando em escritório próprio ou como empresário (na agropecuária, construção civil, comércio), ou fazendo investimentos em Bolsa de Valores e outras atividades que requerem tempo. Disponibilidade de tempo, remuneração mínima garantida e atualização permitem ao professor usar sua imaginação nas oportunidades de mercado.

Já tive oportunidade de convidar companheiros especialistas, vinculados a empresas, para participarem em sua área específica, durante alguns dias, de determinado projeto, como um curso de pós-graduação. Embora a remuneração fosse atraente (representando em poucos dias montantes superiores a até meses de seu rendimento na empresa) e houvesse muito interesse profissional de sua parte, esses companheiros tiveram que recusar o "irrecusável", já que as empresas a que estavam vinculados não os liberavam.

Quantos talentos nesta área poderiam ser mais bem-sucedidos financeiramente e muito mais úteis à comunidade se não estivessem "presos" em uma empresa? Eles poderiam perceber um ganho no magistério, ainda que mínimo, para sua subsistência, para exercitar livremente sua especialização.

Daí a conclusão de que a perspectiva profissional-financeira do professor nesta área é extraordinária e não há prejuízo na qualidade de seu ensino, uma vez que ele estará colecionando novas experiências.

Uma carreira quase sem concorrência

Fiquei surpreso em 1980, ao reivindicar uma bolsa "auxílio-pesquisa" na Fundação de Amparo à Pesquisa do Estado de São Paulo (FAPESP) e ser informado de que era a primeira concessão para pesquisa na área contábil; em outras áreas, dezenas e até mesmo centenas de bolsas eram concedidas.

No ano seguinte, candidatei-me a uma bolsa do Serviço Alemão de Intercâmbio Acadêmico (*Deutscher Akademischer Austauschdienst* – DAAD) para fazer doutoramento em Negócios na Alemanha, com direito a seis meses iniciais, naquele país, aprendendo a língua e tendo outros privilégios. Nas demais áreas, havia competição acirrada em virtude dos inúmeros candidatos. Na área de Negócios, como eu era o único, fui rapidamente aprovado. Desisti, no entanto, da bolsa, pois logo em seguida a FEA-USP passou a oferecer curso de doutoramento.

No início da década de 1990, pude fazer o pós-doutoramento no exterior. Outras oportunidades ímpares na área de Negócios surgiram nestes anos para diversos países, diversas universidades, trabalhos em instituições internacionais etc.

O que eu quero dizer é que estudantes da área de Saúde, Engenharia, Direito etc. são bastante privilegiados com bolsa "sanduíche" e outros tipos de bolsa no Brasil e exterior. Isso não acontece com os estudantes de Contabilidade que são um pouco tímidos nessa área. Incentivo que façam isso. Na conclusão, abordo outras vantagens peculiares aos docentes e pesquisadores na área contábil.

Alguns outros pontos positivos

Expor ideias e discuti-las, chegando até mesmo a vê-las aceitas por diversos participantes; assimilar a psicologia e a dinâmica de grupos; aprender a liderar reuniões e apresentações; vencer a timidez e a insegurança de falar em público; debater temas polêmicos; gerenciar conflitos; exercitar a criatividade; aplicar toda a bagagem técnica, prática e vivencial; ter contato com novas ideias; não haver tédio ou bitolamento.

Novos desafios da docência em Contabilidade

Atualmente, os docentes em Ciências Contábeis têm um desafio ainda maior. O desafio é inovar a cada encontro, para conseguir que o aluno se conecte à sua aula e dê a ela a devida significância para a sua profissão.

As novas gerações estão cada vez mais conectadas às redes sociais e distantes de longos conteúdos e aulas expositivas. O aluno precisa encontrar algo que o desperte para a importância do que está sendo estudado. Nesse sentido, é cada vez mais premente que o professor utilize técnicas pedagógicas (andragógicas no caso de ensino de adultos) para aperfeiçoar o seu ofício de docente. É muito importante que o docente reúna algumas competências fundamentais para o ensino da Contabilidade atual; a primeira é o domínio da técnica, ou seja, o conhecimento dos conteúdos que serão ministrados. Se isso for conectado com as experiências profissionais do docente, será muito enriquecedor. Além disso, é preciso que o docente enverede pelo mundo da pesquisa, tanto para sua atualização intelectual e técnica quanto para sua contribuição à ciência.

Outra competência são as ferramentas pedagógicas; como exemplo, o exercício da mediação pedagógica de forma a tornar o aluno corresponsável no processo de ensino e aprendizagem, dialogando permanentemente para construção do conhecimento e a correção de rotas. O uso de metodologias ativas que facilitem o processo de ensino e aprendizagem, fazendo com que os alunos resolvam situações práticas do cotidiano profissional, permitindo que aprendam a resolver esses problemas, encontrando alternativas baseadas nos conceitos teóricos aprendidos. O professor deverá dispor de diversos tipos de técnicas e ferramentas para facilitar a aprendizagem do aluno.

Dessa maneira, é necessário que os docentes estejam preparados para o exercício da docência como profissão.

Considerações finais

Toda essa minha exposição foca praticamente o magistério. Porém, na carreira acadêmica, há diversas outras especializações: pesquisador, escritor, palestrante, parecerista, orientador (formação de discípulos), participação em bancas de qualificação e defesa, consultoria escolar, cursos de pós (MBA) e de curta duração, participação em órgãos públicos (os meus colegas Sérgio de Iudícibus e Eliseu Martins foram diretores do Banco Central e diretor da CVM (no caso, o Eliseu Martins), participação em Conselho Fiscal de grandes empresas, participação em Conselho de Administração, conselho editorial de revistas técnicas e outras, *visiting professor* em universidades no exterior (Sérgio de Iudícibus, por exemplo, esteve por um semestre na Kansas University), mandatos de cargos administrativo-pedagógicos, desde coordenador, chefe de departamento, diretor... até reitor, participante e membro em órgãos internacionais (nosso colega Nelson Carvalho foi presidente do International Accounting Standards Board – IASB, que gera as IFRS, e atualmente é presidente do Conselho de Administração da Petrobras), membro de Conselho Universitário, representante do Brasil na ONU em grupo intergovernamental de especialistas em Contabilidade (cargo já ocupado pelo Eliseu Martins), assessoria em empresas e órgãos governamentais, compor e presidir órgãos de classe (sindicatos, CRC, CFC etc.), participação em comitês que geram normas contábeis (como CFC, CPC, Receita Federal etc.).

CARTA 10
Busque sabedoria

Sou muito agradecido a Deus pela vocação que Ele me deu para exercer a profissão contábil, sobretudo o magistério e a pesquisa nessa área. Tantas coisas maravilhosas tenho angariado por meio da minha profissão.

Porém, uma das coisas que mais me satisfazem, olhando para o passado, entre todas as recompensas, é ter sido convidado, por diversas vezes, para ser paraninfo ou patrono em formaturas de turmas de Ciências Contábeis. Sem dúvida, é a mais alta honraria que se pode conceder a um professor.

Fui honrado, pela primeira vez, com o convite de paraninfar uma turma de Ciências Contábeis, em Jundiaí, no início da década de 1980.

Como, nessa oportunidade, já cursava o mestrado em Contabilidade na FEA-USP, preparei um discurso bastante técnico mostrando a grandeza e os horizontes da Contabilidade em uma perspectiva científica. Ao concluir o discurso, percebi que cometera um erro em razão do tema abordado. Primeiro, porque, em uma formatura, os formandos não estão muito interessados em ficar ouvindo sobre um assunto técnico (conhecimento, ciência) do qual foram saturados durante quatro anos (ainda que seja o centro da sua profissão). Segundo, porque a plateia, formada por pais, parentes, esposas, amigos..., normalmente pessoas avessas aos conteúdos técnicos e áridos, não se interessa pelo que o orador está falando.

No ano seguinte, estava novamente sendo honrado com um novo convite. Então me propus, pelo que me lembro, a não ser tão técnico, racional, e resolvi explorar mais o que hoje chamamos de sabedoria emocional, ou seja, ajudar esses novos profissionais a aprenderem a lidar com suas emoções e usufruí-las em benefício do exercício profissional. Percebi que esse tipo de discurso poderia também ser atraente para a plateia leiga em Contabilidade.

Foi bom, mas senti que ainda não tinha conseguido prender a atenção de boa parte da plateia.

Nas vezes seguintes, ousei um pouco mais nos meus discursos, abordando o que atualmente chamamos de sabedoria espiritual. Discorri por temas intrínsecos à nossa existência, pelo anseio que cada ser humano carrega de busca por significado e sobre valores para a vida. Pode-se ser um profissional competente, de alta *perfomance*, emocionalmente equilibrado e ainda viver anos e décadas sem um sentido legítimo ou um real senso de propósito, pode-se ser dotado de genialidade e ainda ignorar aquilo que nos torna humanos e nos conecta com outras pessoas como o perdão, o amor, a humildade, a compaixão e a fraternidade. A sabedoria espiritual é o lugar onde a razão, a emoção e a fé se encontram e onde pessoalmente encontrei o propósito maior para minha vida. Ao falar de minha fé, não quero ser de forma alguma desrespeitoso a todas as outras crenças ou descrenças. Sei que existem pessoas que têm fé, as que não têm, as que são religiosas (independentemente da religião que professam), as que não têm religião, mas respeitam a liberdade de credo que temos no Brasil. Com isso quero apenas ilustrar esse fator tão crucial de minha jornada pessoal, minha fé em Deus. Ao discorrer sobre minha fé, portanto, falava de um Deus Criador e Soberano sobre o universo, mas que ao mesmo tempo me conhece nos detalhes, me ama incondicionalmente, me aceita nas minhas imperfeições e tem um plano e um futuro de vida e de paz. Citei Blaise Pascal (matemático, inventor, filósofo, teólogo...), que dizia que todos temos um vazio dentro de nós no tamanho de Deus.

Parece-me que, a partir daí, com essa nova abordagem, pude mais do que prender a atenção dos formandos e da plateia, mas plantar uma semente de busca por um propósito maior. Até mesmo aqueles mais idosos, que costumam dar uma cochilada nesses discursos, aguentaram firmes.

Nos meus discursos, trabalhava em cima de um termo que aborda aspectos da razão, da emoção e do espírito humano, que é a sabedoria. Passei a, nas vezes seguintes, sempre abordar, de diversas maneiras, esse tema, que discorro agora na minha carta final.

Dois tipos de sabedoria

De maneira geral, entendo que há dois tipos de sabedoria: (a) aquela gerada pelo homem: grande instrução, ciência, erudição, saber; (b) aquela que vem de Deus que é onisciente, que sabe e conhece todas as coisas: o bem, a justiça, a verdade, o amor, a humildade, a mansidão etc.

Tiago, irmão de Jesus, escreve no início de sua carta (Novo Testamento): *se alguém tem falta de sabedoria, peça-a a Deus que a todos dá liberalmente.* Esse mesmo autor fala de sabedoria do alto e sabedoria terrena (da natureza humana). Ele diz um pouco mais à frente de sua carta: *a sabedoria que vem do alto (do céu) é antes de tudo pura, pacífica, bondosa e amigável.* Em outras palavras, diz que a sabedoria é um dom de Deus que é dado a quem pede. Ele diz que a sabedoria que vem do céu tem mais a ver com o comportamento do que com o conhecimento.

O apóstolo Paulo escreve no início da sua primeira carta aos Coríntios que o seu ensino para aquele povo não consistiu em palavras persuasivas de *sabedoria humana*; que ele não se apoiou em sabedoria de homens, na sabedoria deste mundo, mas na *sabedoria de Deus*.

Porém, o melhor exemplo da sabedoria de Deus dado ao ser humano, que utilizei várias vezes nas minhas falas em formatura, encontra-se no caso de Salomão.

Salomão, o terceiro rei de Israel, filho de Davi e Bate-Seba, começou a governar provavelmente com apenas 20 anos. Com essa idade, em uma noite, Deus apareceu a Salomão (creio que em sonhos) e lhe disse: *Peça o que quiser, e eu lhe darei.* Salomão respondeu a Deus: *Dê-me sabedoria para que eu lidere Israel, pois quem é capaz de governar este seu grande povo?* Deus disse a Salomão: *Uma vez que esse é seu desejo, e não pediu riqueza, nem bens, nem fama, nem a morte de seus inimigos, nem vida longa, mas sabedoria e conhecimento para governar bem meu povo, sobre o qual o fiz rei, certamente lhe darei a sabedoria e o conhecimento que pediu. Também lhe darei riqueza, bens e fama como nenhum rei teve nem jamais terá.* E realmente Salomão foi o mais sábio, o mais rico, o mais completo entre todos os reis (governantes).

Cito esse exemplo, nas falas de formaturas, pois boa parte dos formandos que estão entrando no mercado de trabalho tem um pouco mais que 20 anos (idade com que Salomão começou a governar). Além do conhecimento, da habilidade e atitude recebidos no ensino superior, estes recém-formados vão precisar de sabedoria para o exercício profissional, seja relativo à ética, ao relacionamento com equipe, às estratégias na sua carreira, ao discernimento do bem e do mal. Além de tudo isso, ainda buscam equilíbrio com o casamento e constituição de família que, algumas vezes, acontecem simultaneamente ao início da carreira profissional, além da necessidade da educação continuada e tantos outros afazeres. Em outras palavras, com sabedoria se constrói uma carreira de sucesso e se edifica um lar, uma família. Nenhum sucesso profissional compensa o fracasso de sua família.

Sabedoria é um conjunto de coisas, por isso é difícil definir. Não é meramente saber fazer, mas principalmente saber viver. Se ela vem de Deus, então é um dom que permite fazer as melhores escolhas, ter discernimento, trilhar o melhor caminho, ter atitudes e comportamentos adequados diante de situações hostis e contextos mais variados que se possam imaginar.

Tudo isso é tão importante que o próprio Salomão diz, no livro de Provérbios escrito por ele, que buscar sabedoria é o maior e melhor investimento que podemos fazer: *A sabedoria é a coisa principal; adquire, pois, a sabedoria, emprega tudo que possuis na aquisição de entendimento.* Em outras palavras, use tudo o que você possui para "comprar" a sabedoria.

Como Deus expressa sua Sabedoria

No início do livro aos Hebreus (Novo Testamento), o autor enfatiza que o Deus, criador do universo, falou muitas vezes, de muitas maneiras, ao seu povo, no passado, pelos profetas, mas que, nos últimos tempos, Ele nos falou pelo seu Filho.

Em apenas três passagens no Evangelho, Deus Pai se manifesta em alto e bom som (uma voz que vem dos céus) sobre a chave que abre todos os tesouros escondidos de sabedoria e de conhecimento que vêm de Deus: (a) no batismo de Jesus, Deus diz: *Este é o meu Filho querido* (amado), *que dá muita alegria* (em que eu me comprazo); (b) em um alto monte onde Jesus foi transfigurado (aparência de Jesus muda, indicando o poder e glória que ele tem), Deus diz: *Este é o meu Filho amado que me dá muita alegria. Escutem o que ele diz;* (c) quando Jesus anuncia sua morte, Deus diz: *Eu já glorifiquei o seu nome e ainda glorificarei.*

Jesus se manifestou como ser humano (em carne) para expressar a profunda sabedoria de Deus. Ele era a própria sabedoria: Jesus como o Verbo, a Palavra, a expressão do Deus invisível. Vamos ver alguns dos ensinamentos de Jesus que revelam a sabedoria de que tanto precisamos:

Perdão

Tanto na vida profissional, como em família, no casamento, na sociedade, vivemos constantemente em crises de relacionamentos.

Ninguém fala sobre perdão com tanta autoridade como Jesus, pois Ele praticou como ninguém essa situação na sua plenitude. Perdoar significa apagar da memória, isentar de culpa (desculpar), ficar sem registro, sem mágoas, sem ressentimento. É deixar o outro nascer de novo na sua vida, ser uma nova vida para você e não ter mais lembranças negativas. Foi exatamente isso que Jesus praticou, viveu. Praticar o perdão é viver a sabedoria de Deus.

Ao terminar a oração do Pai Nosso, Jesus ensina: *Porque, se perdoardes aos homens as suas ofensas, também vosso Pai celestial vos perdoará a vós.*

No livro de R. T. Kendall *Perdão Total*, li na última capa o seguinte: *Perdoar totalmente é tão espetacular quanto qualquer milagre. Estamos falando de uma façanha maior do que escalar o Monte Everest. Significa o maior marco na peregrinação espiritual de qualquer pessoa.*

Salomão, escreve no livro de Provérbios: *O que perdoa uma ofensa mostra que tem amor, mas quem fica lembrando o assunto estraga a amizade.*

Amor

Um pouco antes de ir para a cruz, Jesus deixa o seu ensino mais impactante, no evangelho de João: *Novo mandamento vos dou: que vos ameis uns aos outros; assim como eu vos amei, que também vos ameis uns aos outros. Nisto conhecereis todos que sois meus discípulos: se tiverdes amor uns aos outros.*

Muitas vezes questionei esse mandamento: "Como posso amar alguém como Jesus amou?" Porém, ele não está se referindo à *quantidade* de amor, mas à *maneira* como ele amou: morrendo por nós! Sem morrer, sem perder, sem ter prejuízo, não haverá amor de Deus. Este, muitas vezes, traz uma sensação de perda, vergonha, dor, humilhação, morte. Esse amor caminha de mãos dadas com a humildade, como veremos em seguida.

Quando o apóstolo Paulo ensina que o marido deve amar a esposa como Cristo amou a igreja, ele não está dizendo que deve amá-la porque é bonita, porque faz tudo certinho, porque é submissa, mas porque Cristo nos amou. Essa é a motivação do amor.

O Novo Testamento nos ensina a "suportar uns aos outros em amor". Essa frase pode trazer uma ideia errada de "aguentar" (tolerar) as pessoas. Contudo, o sentido original da palavra é "apoiar, sustentar, ajudar, contribuir, abençoar, ser base". Em inglês, existe o termo *support*, que significa "patrocinar, ajudar, dar coisas boas, promover alguém" (assim como um pai suporta a família, sustenta). Então, suportar em amor é dar, contribuir, fazer o melhor, oferecer o ombro a irmãos, amigos, pessoas com quem convive.

Humildade

Um dos grandes problemas que levam às contendas, conflitos no trabalho, na nossa profissão, são profissionais que têm rápida ascensão, tornam-se conhecidos, às vezes idolatrados. A competição (ética) é sempre saudável, pois todos ganham. Porém, a soberba, a presunção, o orgulho... destroem relacionamentos, deixam marcas por toda a vida. Aqui entra a humildade. Salomão escreve, no livro de Provérbios, que a soberba precede à ruína, e a altivez do espírito precede a queda.

Humildade é se deixar ser rebaixado. É agir com simplicidade, com modéstia. É o oposto de soberba. O rei Davi orou a Deus: *Também da soberba guarda o teu servo, que ela não me domine; então, serei irrepreensível e ficarei livre de grande transgressão*. A soberba, para Davi, era o pior pecado. Um homem que escreveu as mais belas poesias e cânticos, que tinha tanta afinidade com Deus a ponto de desejar construir uma casa para Ele, tinha tudo para tornar-se soberbo. No entanto, ele se humilhou; Davi se considerava um pobre necessitado.

Jesus disse no Evangelho de Mateus (capítulo 11, verso 29) ... *e aprendei de mim que sou manso e humilde de coração.* Humildade, portanto, é olhar para Cristo e ver que, mesmo tendo uma condição de glória, de rei do universo, ele veio à terra e foi cuspido, espancado, crucificado. O salmo 22, ao nosso ver, deixa a entender que Jesus foi crucificado nu, pois suas roupas foram sorteadas. Assim, Cristo não só ensina, mas pratica e nos deixa a certeza de ser possível praticar essa virtude.

Mansidão/longanimidade

A palavra *mansidão*, em uma versão bíblica italiana, é traduzida como "doçura". Precisamos ser dóceis uns com os outros para que haja prosperidade em todas as áreas de nossas vidas. Docilidade é fruto do homem sábio. Sem mansidão, afabilidade, não há bom desempenho seja na nossa atividade profissional, no casamento, na família.

Manso é aquele que não reivindica os próprios direitos. Jesus, sendo Deus, não usurpou o ser igual a Deus. Manso é aquele que está disposto a sofrer o dano em favor de outros. É deixar o egoísmo de lado e considerar o outro superior a si mesmo; é cuidar dos interesses dos outros; é estar mais interessado no avanço dos interesses coletivos (empresa, clientes, colegas de trabalho, casamento, família) do que no progresso pessoal.

Longanimidade é uma paciência multiplicada, um ânimo longo, talvez o *"setenta vezes sete"* a que Jesus se refere quando menciona o número de vezes que devemos perdoar. Algumas versões da Bíblia em inglês traduzem esse termo como *longsuffering*, "sofrimento longo" (em favor da unidade da família, do time de trabalho), associado à palavra "misericórdia".

Se desejamos ser compreendidos e perdoados, devemos também compreender e perdoar as falhas humanas. Por mais difícil e doloroso que isso seja para nós, não será pior do que o que Jesus sofreu na cruz por você e por mim. Ou seja, é algo possível de se suportar.

Considerações finais

Em um mundo com tanta injustiça, tanta corrupção, tanta maldade, praticar a sabedoria do alto parece ser anormal. Porém, na verdade, significa levar Deus a sério. Significa romper com a injustiça e a corrupção que tão de perto nos assediam.

Salomão, em Provérbios, escreveu que é bem-aventurado o homem que acha sabedoria... É a árvore da vida para os que a seguram. E bem-aventurados são todos os que a retêm.

Ser bem-sucedido profissionalmente é nosso maior desejo para todos os nossos colegas e estudantes de Contabilidade. Contudo, lembrem-se, a família é o nosso maior patrimônio. Ela é mais preciosa do que todos os nossos outros ativos. O amor é nosso maior bem intangível, cujo valor, por mais recursos que se tenha na Contabilidade, não conseguimos dimensionar. O perdão é o pagamento do mais elevado passivo que está no nosso balanço.

Querer chegar ao topo da pirâmide, construir uma carreira brilhante, por si só, não é errado. Todavia, o nosso maior investimento é a família. Sua família é um presente de Deus. Valorize-a, ame-a. Reserve tempo para juntos, quem sabe de mãos dadas, agradecer a Deus e pedir mais sabedoria do alto para ter revelação do perdão de Jesus. Que Deus abençoe a todos.